GLYNDŴR A GOBAITH Y GENEDL

GLYNDŴR
A GOBAITH Y GENEDL

*Agweddau ar y portread o
Owain Glyndŵr yn llenyddiaeth
y cyfnod modern*

E. WYN JAMES

CYMDEITHAS LYFRAU CEREDIGION GYF

Cyhoeddwyd gan Gymdeithas Lyfrau Ceredigion Gyf.,
Blwch Post 21, Yr Hen Gwfaint, Ffordd Llanbadarn,
Aberystwyth, Ceredigion SY23 1EY.
Argraffiad cyntaf: Medi 2007
ISBN 978-1-84512-064-1
Hawlfraint yr argraffiad © 2007 Cymdeithas Lyfrau Ceredigion Gyf.
Cedwir pob hawl.
Hawlfraint y testun © 2007 E. Wyn James
Y mae hawl E. Wyn James i'w gydnabod fel awdur y gwaith hwn wedi'i nodi ganddo yn unol â Deddf Hawlfraint, Dyluniadau a Phatentau, 1988.

Ni chaniateir atgynhyrchu unrhyw ran o'r llyfr hwn na'i storio mewn system adferadwy, na'i drosglwyddo mewn unrhyw ddull, na thrwy unrhyw gyfrwng, electronig, peirianyddol, llungopïo, recordio, nac mewn unrhyw ffordd arall, heb ganiatâd ymlaen llaw gan y cyhoeddwyr.

Cefnogwyd y gyfrol gan Gyngor Llyfrau Cymru
Argraffwyd gan Wasg Gomer, Llandysul SA44 4JL

Cyflwynedig i

E. G. MILLWARD

Cynnwys

Rhagair — 9

1 'Nes Na'r Hanesydd...' — 11

2 'Hanes yr Hen Brydain' — 20

3 O William Shakespeare i Walter Scott — 30

4 Toriad y Wawr — 39

5 Beriah o'r Blaenau a Byd y Ddrama — 43

6 Oriel Beriah o Arwyr Dramatig — 51

7 Pasiant Caernarfon a Choron Prydain — 60

8 'A lle bo gobaith, 'bydd ef byth yn bell' — 68

Nodiadau — 79

Rhagair

Ar 16 Medi 2000, chwe chan mlynedd i union ddyddiad cyhoeddi Owain Glyndŵr yn Dywysog Cymru, cynhaliwyd Ysgol Undydd dan nawdd Ysgol Hanes ac Archaeoleg Prifysgol Caerdydd i gofio dechrau ei ryfel annibyniaeth. Ymhelaethiad yw'r llyfr hwn ar ddarlith a draddodwyd yn yr Ysgol Undydd honno. Cyhoeddwyd fersiwn cynharach ar y deunydd yn gyfres o erthyglau yn y cylchgrawn *Taliesin* rhwng rhifyn 110 (Gaeaf 2000) a 115 (Haf 2002).

Hoffwn ddiolch i'r Athro J. Gwynfor Jones, trefnydd yr Ysgol Undydd, am y gwahoddiad i draddodi'r ddarlith yn y lle cyntaf; i Olygyddion *Taliesin* am gyhoeddi'r gyfres erthyglau; ac i Dylan Williams a Chymdeithas Lyfrau Ceredigion am eu parodrwydd i gyhoeddi'r gyfrol hon gan chwarter Cardi am hanner Cardi, gan fod fy nhad-cu innau, fel mam Owain Glyndŵr, yn hanfod o dde Ceredigion!

Cyflwynaf y gyfrol i Dr E. G. Millward a fu'n diwtor arnaf pan oeddwn yn fyfyriwr yn Aberystwyth ac sydd wedi cyfrannu'n fawr i'n dealltwriaeth o gyfoeth a chymhlethdod diwylliant Cymru yn y bedwaredd ganrif ar bymtheg.

EWJ
Caerdydd,
Gorffennaf 2007

'Nes Na'r Hanesydd . . .'

Daw'r geiriau uchod o gwpled clo soned R. Williams Parry, 'Gwae Awdur Dyddiaduron', a luniodd yn 1939.[1] Dyma'r cwpled ar ei hyd:

> Nes na'r hanesydd at y gwir di-goll
> Ydyw'r dramodydd, sydd yn gelwydd oll.

Yn y gyfrol hon ein bwriad fydd edrych ar Owain Glyndŵr yn 'nes na'r hanesydd'. Nid collfarnu haneswyr proffesiynol yw'n hamcan wrth ddweud hynny. Fel y mae'n digwydd, bu Owain Glyndŵr yn hynod ffodus yn yr haneswyr a fu'n ei drafod yn ystod yr ugeinfed ganrif – O. M. Edwards, J. E. Lloyd, Glanmor Williams, R. Rees Davies, ac enwi ond rhai o'r amlycaf. Ond fel yr awgrymodd y diweddar Rees Davies ei hun mewn darlith yn Eisteddfod Genedlaethol Bro Colwyn yn 1995, y mae'r darlun hanesyddol 'pur' yn un anghyflawn. Meddai: 'Nid trwy lyfrau hanes y mae'r gymdeithas ar y cyfan yn ymglywed â'r gorffennol yn ei phrofiad ond yn hytrach drwy . . . gof gwlad.'[2] Nid cof manwl, ffeithiol, dadansoddol mo hwnnw, ond cof lle y mae pethau'n digwydd 'ers talwm', cof sydd yn aml wedi ei glymu wrth fan a lle penodol (rhyw ogof neu faen fan hyn, rhyw nant neu ddôl fan draw), cof sy'n llawn arwyr a dihirod a storïau cyffrous, a chof sy'n ymaddasu o genhedlaeth i genhedlaeth wrth i'r gymdeithas sy'n cynnal y cof hwnnw newid o ran ei natur a'i hanghenion.

Mae Rees Davies yn cysylltu'r 'hanesydd' â'r 'gymdeithas gefnog, addysgedig a darllengar' – dyma'r *Great Tradition*, fel y'i gelwir. A rhan o gamp Owain Glyndŵr i Rees Davies yw ei fod wedi llwyddo i 'dreiddio'n llawer iawn dyfnach na hynny i ymwybyddiaeth y genedl Gymreig', ei fod wedi rhychwantu'r bwlch rhwng y *Great Tradition* a'r *Little Tradition* a dod yn 'ffigwr mythig yn hytrach na chymeriad hanesyddol, gŵr ar gyfer pob cenhedlaeth a chanrif, yn llythrennol "a man for all seasons".[3]

Yn y drafodaeth hon byddwn yn bwrw golwg fras dros y portreadu a fu ar Owain Glyndŵr yn ein llenyddiaeth yn ystod y cyfnod modern; ac un o nodweddion sylfaenol y portread hwnnw, fel yr awgrymodd Rees Davies, yw bod Glyndŵr yn ffigur 'mythig' yn hytrach nag yn un 'hanesyddol'. Canolbwyntio ar lenyddiaeth gyhoeddedig y byddwn yma, yn hytrach nag ar lenyddiaeth lafar a'r traddodiadau llafar amdano.[4] Mae'n debyg y byddai Rees Davies yn cyfrif fod llenyddiaeth ysgrifenedig o'r fath (megis gwaith yr haneswyr) yn perthyn i'r *Great Tradition*, hynny yw ei bod yn perthyn i'r 'gymdeithas gefnog, addysgedig a darllengar'. Ond mewn gwirionedd y mae'r rhaniadau hyn hytrach yn artiffisial, oherwydd, yn debyg i gof gwlad, y mae llenyddiaeth ysgrifenedig a phrintiedig hithau yn tynnu ar y dychymyg, ac yn creu ac yn hybu mythau. Ac nid yw'r hanesydd yntau mor 'ddiduedd' ag yr hoffai gredu yn aml.[5] Paham, er enghraifft, y mae hanesydd yn dewis trafod pwnc neu gyfnod neu berson arbennig rhagor un arall? Neu paham y mae'n dewis pwysleisio rhai agweddau ar yr hanes rhagor eraill, neu yn dethol ei ddefnyddiau ac yn eu cyflwyno yn y modd y gwna? Hynny yw, y mae'r hanesydd, fel pawb arall ohonom, yn cael ei gyflyru gan ei fagwraeth a'i ideoleg, gan ei enynnau a chan gof gwlad. Hwyrach fod ganddo un droed yn y gorffennol, ond y mae'r droed arall yn bendant yn y presennol ac yn symud tua'r dyfodol;[6] ac ni welir hynny'n amlycach yn unman nag yn yr ymagweddu amryfal a gafwyd gan haneswyr gwahanol tuag at Owain Glyndŵr.

Yn arwyddocaol iawn, yn ei ddarlith eisteddfodol y mae Rees Davies yn cyfystyru cof gwlad a chof cenedl. 'Cof gwlad, cof cenedl; heb gof, heb genedl', meddai[7] – sy'n ein hatgoffa o gwestiwn rhethregol adnabyddus Gwyn A. Williams: 'A beth yw hanes ond cof cenedl?'[8] Mewn geiriau eraill, 'cyflwr meddwl' neu 'gymuned y dychymyg' yw'r genedl, fel pob hunaniaeth arall; a'r hyn a welwn ar waith o oes i oes yn achos Owain Glyndŵr, fel yn achos ein 'mythau' cenedlaethol eraill, yw'r hyn a eilw Edward W. Said yn 'wrthwynebiad diwylliannol i'r broses o drefedigaethu gan y galluoedd imperialaidd'. Un elfen yn y gwrthwynebiad hwnnw yw'r 'penderfyniad i weld hanes y gymuned drefedigaethol yn hanes cyfan, integredig, ac i adfer yr hanes hwnnw i drigolion y drefedigaeth'; ac meddai Said:

> The concept of the national language is central, but without the practice of a national culture – from slogans to pamphlets and newspapers, from folk tales and heroes to epic poetry, novels and drama – the language is inert; national culture organizes and sustains communal memory.[9]

Ac yn sicr, yn y cyfnod modern gwelwn ddefnyddio Owain Glyndŵr yn offeryn i hybu 'diwylliant cenedlaethol' y Cymry. Gan mai cymharol ychydig yw'r ffeithiau hanesyddol hysbys amdano,[10] diau fod y portreadau o Glyndŵr a gafwyd yn ein llenyddiaeth lafar ac ysgrifenedig yn y cyfnod modern yn lled agos at fod 'yn gelwydd oll'. Fodd bynnag, nid ym myd ffeithiau caled yr ydym, ond ym myd y grym creadigol pwerus hwnnw a alwn yn 'fyth', y grym sydd yn cynhyrchu ei 'realiti' a'i 'wirioneddau' ffrwythlon ei hun, sydd yn eu tro yn creu ac yn llywio hanes i'r dyfodol.

Llenyddiaeth y cyfnod modern sydd gennym dan sylw yma, yn ôl ein teitl. Ond pa bryd y mae'r 'cyfnod modern'? Mae rhai wedi dadlau mai Rhyfel Annibyniaeth Glyndŵr yn nechrau'r bymthegfed ganrif *oedd* dechrau'r cyfnod modern yng Nghymru, a bod trawma meddyliol a chymdeithasol y rhyfel ei hun, ynghyd â'r dinistr eang ar y wlad a ddaeth yn ei sgil, a'r deddfau penyd llym a osodwyd ar y Cymry o'i herwydd, wedi cyflymu'r prosesau newid cymdeithasol ac wedi llusgo Cymru i'r byd modern yn gynt nag a fyddai wedi digwydd fel arall. Mae Gwyn A. Williams, er enghraifft, yn dadlau fod 'y cyfnod cyfan sy'n estyn o'r gwrthryfel, heibio i'r deddfau uno, hyd at yr ail ganrif ar bymtheg' yn gyfnod o drawsnewid mawr, cyfnod pryd yr oedd y gyfundrefn ganoloesol yn dirywio yng Nghymru a thrwy Ewrop, a chymdeithas fodern yn codi ac yn crisialu 'yng ngwladwriaethau cenhedlig y Dadeni'.[11]

Mae'r gair 'cenhedlig' yn bwysig eithriadol yng nghyddestun Owain Glyndŵr. Dyma'r un, wedi'r cyfan, y dywedodd J. E. Lloyd amdano: 'He may with propriety be called the father of modern Welsh nationalism';[12] ac meddai ymhellach: 'Nid yw'n ormod dweud mai profiad y pymtheg mlynedd hyn [sef 1400–15, hynny yw, blynyddoedd Rhyfel Glyndŵr] a ddysgodd i'r Cymry, am y tro cyntaf, ymdeimlo'n *genedl* (yn ystyr fodern y gair) ar wahân, ac iddi ei phriod iaith.'[13] Mae eraill wedi pwysleisio'r modd y llwyddodd y rhyfel i blannu'n ddwfn yn nychymyg pob haen o'r gymdeithas ar draws Cymru y profiad a'r gobaith o fod yn rhydd.[14] Un agwedd nodedig ar hyn yw'r modd y llwyddodd Glyndŵr i gipio teyrngarwch a dychymyg y bobl gyffredin. Fel y nododd Gwyn A. Williams: 'Dim ond unwaith yn hanes Cymru [sef adeg Rhyfel Glyndŵr] y bu arwahanrwydd pendefigaidd yn cyfuno â theimlad cenedlaethol gwerinol a oedd yn gwreiddio mewn newid cymdeithasol, a dim ond unwaith y bu mudiad cenedlaethol yn ennill cefnogaeth eang a digymell';[15] ac meddai John Davies am y cof am Owain Glyndŵr yn y canrifoedd a ddilynodd y rhyfel, pan oedd yr uchelwyr Cymreig wrthi, gan mwyaf, yn ceisio ennill a diogelu eu safle yn y byd Seisnig: 'Trysorid ei goffadwriaeth gan yr isel rai.'[16]

Er y gellid dadlau, felly, fod 'y cyfnod modern' yn dechrau gydag Owain Glyndŵr ei hun, ni fwrieidr trafod yma y cerddi a genid iddo yn ystod ei fywyd, dim ond nodi, yn ogystal â bod yn ffodus yn ei haneswyr, fod Glyndŵr wedi bod yn ffodus hefyd yn y beirniaid llenyddol a thestunol a fu'n gweithio ar y cerddi hynny yn ystod yr ugeinfed ganrif – Henry Lewis, Eurys Rowlands, Gruffydd Aled Williams, Dafydd Johnston, ac enwi eto ond rhai o'r amlycaf. Ac fel yn achos yr haneswyr, bu gwaith y beirniaid hyn yn fodd i gadw Owain Glyndŵr ar flaen meddwl pobl y 'Pethe', pobl y '*Great Tradition*', trwy gydol yr ugeinfed ganrif. Ystyrier, er enghraifft, boblogrwydd cywydd Iolo Goch i lys Owain yn Sycharth, a'i le cyson ar feysydd llafur ein hysgolion a'n colegau ac mewn blodeugerddi.

Ond er y gellid dadlau, ar un olwg, fod 'y cyfnod modern' yn dechrau yn 1400, y gwir yw bod rhaid inni neidio i ddiwedd eithaf dechrau'r cyfnod modern yng Nghymru – neu, a'i gosod fel arall, i ddiwedd eithaf yr Oesoedd Canol yng Nghymru – sef y ddeunawfed ganrif, cyn y gwelwn ryw lawer o sylw i Glyndŵr yn ein llenyddiaeth ysgrifenedig (ac eithrio'r copïo a fu mewn llawysgrifau ar gywyddau megis rhai Iolo Goch i achau Owain Glyndŵr ac i'w lys yn Sycharth).[17]

Ond yna, o tua chwarter olaf y ddeunawfed ganrif, ac yn enwedig o Oes Victoria ymlaen, rhoddir sylw lled gyson i Glyndŵr gan feirdd a llenorion a dramodwyr Cymraeg, heb sôn am nifer o rai Saesneg. Nid oes rhaid ond troi at *A Select Bibliography of Owen Glyndwr*, a luniwyd yn 1915 – blwyddyn 500 mlwyddiant diflaniad Glyndŵr – gan y llyfryddwr a'r llyfrgellydd nodedig o Gwm Nedd, D. Rhys Phillips ('Beili Glas'; 1862–1952), i gael amcan o'r defnyddiau helaeth ac amrywiol a ymddangosodd arno dros y blynyddoedd hyd at y Rhyfel Byd Cyntaf; a chafwyd toreth o ddefnyddiau pellach o hynny hyd heddiw, gan gynnwys ffrwd sylweddol o gyhoeddiadau o bob math o'r flwyddyn 2000 ymlaen, i gyd-fynd â 600 mlwyddiant ei ryfel annibyniaeth.

O ran eu natur, y mae llawer o'r cyfeiriadau at Owain Glyndŵr yn ein llenyddiaeth yn rhai lle yr enwir ef wrth fynd heibio, megis, ymhlith eraill o arwyr cenedlaethol y Cymry. Yn y cyd-destun hwn, fe welir ei gyplysu yn amlach na neb â Llywelyn y Llyw Olaf, a'r cyweirnod yn fynych yn un milwrol a milwriaethus. Dyma ychydig o enghreifftiau ar hap, gan ddechrau gyda'r cenedlatholwr radicalaidd tanllyd hwnnw, Dr E. Pan Jones (1834–1922), mewn cerdd yn 1882:

> O meddwl am Owen, Caradog, ap Gryffydd
> > [sef y Llyw Olaf],
> A'u tebyg, hwy wyliant yn awr uwch ein pen . . .
> Eu cledd sydd yn gwingo ein gweled yn plygu,
> > I'r llawr i addoli y Saeson tor-dyn.
> Sibrydant, 'Ai dyma'r esiampl a roisom i chwi,'
> > Meddylied pob Cymro gwladgarol am hyn.[18]

Dyna'r Archdderwydd Dyfed (Evan Rees, 1850–1923), wedyn, yn 1907:

> Paid â goddef i estroniaid
>   Waradwyddo Cymru gain;
> Ar feddrodau hen wroniaid
>   Tyn dy gleddyf o dy wain . . .
>
> Cofia Lyndŵr a Llywelyn,
>   A marchogion Arthur fawr;
> Ac yn wyneb sarrug elyn,
>   Rho dy droed yn drwm i lawr . . .[19]

Yna dyna Meuryn (R. J. Rowlands, 1880-1967) mewn cerdd a gyhoeddwyd adeg dadorchuddio cofeb i goffáu 'Hen Ŵr Pencader' yn 1952:

> Cofiwn am Lywelyn,
> Cofiwn Owain wedyn,
>   Yna'n un,
>   Yn dorf gytûn
> Wynebwn bob rhyw elyn.
> Saeson, crynwch! Gymry, cenwch!
>   Arthur ddaw yn ôl –
>   Nid yn filwr drosom,
>   Ond yn enaid ynom.[20]

A dyna Dafydd Iwan yntau yn 1966, ynghanol adfywiad cenedlaethol y chwedegau:

> O mae newid yn y gwynt,
> A chyn hir fe dyrr y wawr;
> Mae holl ieuenctid Cymru, o Forgannwg i Gaergybi,
> I gyd yn deffro nawr . . .
>
> Daw Llywelyn o Gilmeri draw,
> A Glyndŵr i flaen y gad:

> Diosgwn glog y taeog, a rhagom awn yn dalog
> I fynnu parch i'n gwlad . . .²¹

A gadewch inni nodi un enghraifft arall, o'r 1980au y tro hwn, ganrif ar ôl cerdd Pan Jones. Soned laes gan Bryan Martin Davies ydyw, a'i chywair braidd yn wahanol i'r cerddi a ddyfynnwyd uchod. Ei theitl yw 'Tachwedd 1984', ac fe'i lluniwyd yng nghyd-destun streic y glowyr y flwyddyn honno, ar adeg pan oedd y trais yn cynyddu a nifer o'r streicwyr yn mynd yn ôl i'r gwaith. Ymdrin y mae â difaterwch llawer o'r Cymry 'parchus' adeg y streic:

> Nid ydym ni y Cymry cyfforddus
>   yn poeni am y pentrefi proletaraidd,
> er ein bod ni'n byw ar fytholeg emosiynol
>   am ddewr arwyr ein gwlad.
> Siaradwn am Lywelyn, Glyndŵr,
>   Dic Penderyn a'r traddodiad radicalaidd
> dros ein boeuf Bourguinion,
>   ein gwin, a'n mefus marinade.
>
> Yn Sir Fynwy y mae plant yr Eingl-Gymry
>   yn yfed cawl y ceginau,
> ac yn Sir Fôn y mae'r Cymry Cymraeg
>   yn llyfu lobscows y dôl . . .
>
> Beth petaem ni, y bourgeoisie dysgedig,
>   rywsut, yn ymwerineiddio
> Ac yn cael ein dyneiddio drachefn,
>   neu ein hymgristioneiddio?²²

Ond ar ben y math hwn o gyfeirio 'wrth fynd heibio', mewn barddoniaeth a rhyddiaith, fe geir hefyd nifer helaeth o gerddi, nofelau a dramâu sy'n canolbwyntio'n benodol ar Owain Glyndŵr, heb sôn am gantatas, operâu roc, cerfluniau, stampiau, cardiau post, ac yn y blaen. Mewn gwirionedd, y mae llawer gormod o ddeunyddiau inni allu eu cwmpasu'n fanwl yma. Yn ffodus, y mae modd cyfeirio'r sawl sydd am astudio ymhellach agweddau ar y portread o Owain Glyndŵr yn ein llên a'n traddodiadau yn ystod y canrifoedd diwethaf, at dair trafodaeth olau a ymddangosodd yn lled ddiweddar: gan R. Rees Davies ym mhennod olaf ei gyfrol fawr, *The Revolt of Owain Glyn Dŵr* (1995); gan Elissa R. Henken yn ei chyfrol, *National Redeemer: Owain Glyndŵr in Welsh Tradition* (1996); a chan Gruffydd Aled Williams yn ei ddarlith, *Owain y Beirdd* (1998). Ein bwriad ni yma, yn hytrach, fydd ceisio amlinellu patrwm cyffredinol y sylw a dderbyniodd Glyndŵr gan ein beirdd a'n llenorion a'n dramodwyr yn y cyfnod modern, yn enwedig o tua diwedd y ddeunawfed ganrif ymlaen, gan fanylu'n arbennig ar flynyddoedd ei anterth fel eicon cenedlaethol o tua 1880 hyd at y Rhyfel Byd Cyntaf.

'Hanes yr Hen Brydain'

Dros y pedair canrif rhwng diwedd Rhyfel Annibyniaeth Glyndŵr yn 1415 a diwedd Rhyfel Annibyniaeth America yn 1783, y mae'r cyfeiriadau llenyddol at Owain Glyndŵr braidd yn anaml, a natur y portread ohono braidd yn wahanol hefyd i'r hyn a geir yn llenyddiaeth y bedwaredd ganrif ar bymtheg a'r ugeinfed. Mae gan y bardd Gwenallt ddwy gerdd yn dwyn y teitl 'Owain Glyndŵr,' ac yn un ohonynt cyfeirir yn benodol at y ffaith fod y sylw i Owain hytrach yn brin yn y cyfnod modern cynnar. Cerdd ydyw a ymddangosodd yn ei gyfrol *Gwreiddiau* (1959). Canolbwyntio y mae Gwenallt yn y gerdd honno ar y ffaith fod Glyndŵr wedi ei drechu yn y rhyfel ac wedi cilio i ddifancoll; ond ceir bwrdwn mwy cadarnhaol ar ddiwedd pob pennill:

> Ond fe gododd ymhen pedair canrif
> I gychwyn ei frwydr drachefn.[23]

Fe gododd o'r newydd, felly, tua 1800 yn ôl Gwenallt, yn un o dadau'r mudiad cenedlaethol modern. A theg gofyn, beth sydd i gyfrif am y pedair canrif o fwlch yn y sylw a roddwyd iddo?

Crybwyllir un o'r prif ystyriaethau yn y gerdd arall gan Gwenallt sy'n dwyn y teitl 'Owain Glyndŵr'. Ymddangosodd y gerdd honno yn *Y Coed* (1969), y gyfrol o farddoniaeth

Gwenallt a gyhoeddwyd ar ôl ei farw. Ynddi gwelwn y bardd yn dangos ei falchder amlwg yn ei wreiddiau ei hun yn ne-orllewin Cymru trwy ganolbwyntio'n arbennig ar fam Owain, Elen, a ddeuai o dde Ceredigion ac a oedd yn un o ddisgynyddion tywysogion Deheubarth:

> Ni wyddys dim am ei hanes, ac ni ellir olrhain ei hachau,
>   Ond gallwn ddychmygu mai hyhi a ddysgodd i'w mab
> Hanes yr hen Brydain; yr ymdrech rhwng y ddwyddraig;
>   Proffwydoliaeth y beirdd am arwr i adfer y wlad,
> Y mab darogan, Arthur neu Gynan neu Gadwaladr,
>   Sôn am gyfreithiau Hywel Dda a oedd wedi aros
> Yn eu grym yn hwy nag yn y Gogledd . . .
>
> Hyhi a roes y De a Dinefwr iddo yn filwyr,
>   A'i dysg yn y Brut a roddes iddo ei ddraig;
> Ac ar gynllun y gynhadledd yn Nhŷ-gwyn ar Daf
>   Y cododd yn Harlech a Machynlleth ei seneddau
>   Cymreig.[24]

'Hanes yr hen Brydain', hanes 'y Brut', sylwer; sef yr hanesyddiaeth draddodiadol Gymreig y gellir ei holrhain i fythau a ffugiadau'r Oesoedd Canol a chyfnod y Dadeni Dysg, ac i raddau helaeth i 'Frut' Sieffre o Fynwy, *Historia Regum Britanniae* ('Hanes Brenhinoedd Prydain'), yn y ddeuddegfed ganrif, 'the most famous work of nationalistic historiography in the Middle Ages'.[25] A hyd y gwelaf, gafael hirhoedlog yr hanesyddiaeth draddodiadol hon yn nychymyg y Cymry yw un o'r prif resymau dros y gwahaniaethau mawr yn y portread o Owain Glyndŵr yn ein llenyddiaeth cyn ac ar ôl diwedd y ddeunawfed ganrif.

Y peth cyntaf i'w nodi am yr hanesyddiaeth hon yw bod y Cymry'n ystyried mai hwy oedd gwir berchnogion Ynys Prydain. Roedd eu hynafiaid wedi rheoli dros yr Ynys gyfan cyn dyfodiad y Rhufeiniaid, ac wedi cymryd yr awenau unwaith eto rhwng ymadawiad y Rhufeiniaid a dyfodiad y Saeson. Hwy, y Cymry, felly, oedd gweddillion ac etifeddion yr 'hen Frytaniaid', neu'r *ancient Britons*. Oherwydd eu pechodau, neu oherwydd twyll y gelyn, yr oeddynt wedi colli rheolaeth dros yr Ynys, ac wedi colli yn arbennig goron Llundain, prif goron yr Ynys. Ond yn ôl eu proffwydoliaethau, byddent ryw ddiwrnod yn adennill y goron honno ynghyd â rheolaeth dros yr holl Ynys; ac y mae barddoniaeth Gymraeg yr Oesoedd Canol yn llawn proffwydoliaethau am 'fab darogan' a fyddai'n dod i adfeddiannu coron Llundain i'r 'hen Frytaniaid'.

Ynghlwm wrth y gred mai'r Cymry oedd gwir berchnogion Ynys Prydain – mai hwy oedd y gwir 'Brydeinwyr' megis – oedd y gred eu bod yn disgyn o dras aruchel; ac y mae eu hysgrifeniadau, i lawr yn wir hyd at y bedwaredd ganrif ar bymtheg, yn llawn traddodiadau am eu tras nodedig. Yn ôl un o'r mythau hyn – myth a chanddo le amlwg ym Mrut Sieffre – yr oedd Brutus o Gaerdroea (*Troy*) wedi dod i Ynys Prydain tua 1170 CC ac wedi sefydlu'r llinach frenhinol a reolai drosti cyn dyfodiad y Rhufeiniaid ac unwaith eto rhwng ymadawiad y Rhufeiniaid a goresgyniad y Saeson; yn wir, o enw Brutus, meddid, y tarddasai enw'r Ynys, 'Prydain'.

Traddodiad arall – o'r drydedd ganrif ar ddeg y tro hwn, ac un a ddaeth yn boblogaidd iawn ymhlith y Diwygwyr Protestannaidd – oedd bod yr efengyl Gristnogol wedi cyrraedd Ynys Prydain yn ei phurdeb trwy law Joseff o Arimathea, un o ddilynwyr cynnar Iesu Grist, yn fuan ar ôl croeshoeliad ac atgyfodiad Crist. Yn ôl traddodiad arall – un a ddaeth i fri arbennig yn y ddeunawfed ganrif – yr oedd y Cymry'n disgyn oddi wrth un o wyrion Noa, sef Gomer ap Jaffeth. Dyna, meddid, darddiad yr enw 'Cymro' (< 'Gomero'), ac enw eu hiaith, y Gymraeg (< 'Gomeraeg'). Fe siaradai'r Cymry, felly, iaith Gomer, iaith a oedd gyda'r hynaf yn y byd, iaith a oedd yn deillio'n uniongyrchol o chwalfa ieithyddol Tŵr Babel yn llyfr Genesis ac yn perthyn yn agos i'r Hebraeg, iaith dybiedig Adda ac Efa. A'r berthynas honedig hon ag iaith wreiddiol y byd, iaith Gardd Eden, yw'r rheswm y cafodd y Gymraeg ei llysenwi'n 'iaith y nefoedd'.

Ymweai traddodiadau o'r fath ym meddwl a dychymyg y Cymry ar draws y canrifoedd. Byddai rhai elfennau'n cael eu hychwanegu o bryd i'w gilydd, ac eraill yn cilio'n dawel, ond yr un oedd hanfodion yr hanesyddiaeth hon o oes i oes, a'r un oedd ei nod a'i heffaith, sef gosod bri ar y Cymry fel cenedl hynafol ac anrhydeddus, gweithredu fel gwrthglawdd pwysig er diogelu eu hymwybyddiaeth a'u hunaniaeth genedlaethol, a chynnig gobaith iddynt mewn cyfnodau o argyfwng trwy'r addewid am fab darogan a fyddai'n dod i'w gwaredu.[26]

Roedd Owain Glyndŵr yn ymwybodol iawn o fersiynau ei ddydd o'r hanesyddiaeth draddodiadol hon.[27] Yn ôl Gwenallt (yn y gerdd o'r gyfrol *Y Coed* a ddyfynnwyd eisoes), dysgasai Owain yr hanesyddiaeth honno ar lin ei fam, ac fe'i defnyddiodd yn gyson yng nghyd-destun ei ymgyrch. Cofier, yn un peth, fod gan Owain Glyndŵr ei 'broffwyd' teuluol ei hun – ei '*spin doctor*' ei hun (chwedl Rees Davies)[28] – sef Crach Ffinnant o ardal Llansilin, un a fyddai'n hyddysg yn yr hen draddodiadau ac mewn dehongli proffwydoliaethau. Fe welir Owain, wedyn, yn tynnu ar hanesyddiaeth draddodiadol y Cymry ym manylion yr Yndeintur Triphlyg (*Tripartite Indenture*), y cynllun a luniwyd ganddo ef a'i gynghreiriaid yn Lloegr yn 1405 i rannu Cymru a Lloegr yn dair rhyngddynt petaent yn ennill y rhyfel yn erbyn brenin Lloegr. Yn ôl y cytundeb hwnnw byddai Cymru estynedig Glyndŵr yn ymestyn yn ddwfn i ganolbarth Lloegr, hyd at

'Onennau Meigion', rhwng Bridgnorth a Stourbridge. Ond pam dewis coed ynn Meigion yn ffin ddwyreiniol i'w Gymru arfaethedig? Am mai yn y fan honno, yn ôl traddodiad, yr enillodd y brenin Cadwallon frwydr arwyddocaol yn erbyn y Saeson yn y seithfed ganrif, 'y brwydro mawr olaf rhwng Brython a Sais am oruchafiaeth ar yr ynys'.[29] Ar ben y cwbl, yr oedd ei enw, Owain, yn enw generig gan y Cymry ar y mab darogan, a gobaith brudwyr ei ddydd oedd mai'r Owain hwn, Owain Glyndŵr, fyddai'r meseia hwnnw. Ond nid felly y bu. Er iddo ddiflannu yn hytrach na chael ei ladd, ac er y gobaith am ddychweliad a oedd ynghlwm wrth hynny ac a fyddai'n rhan bwysig o'i afael ar ddychymyg y Cymry dros y canrifoedd (fel yn achos y brenin Arthur o'i flaen), methiant fu Owain Glyndŵr o safbwynt cyflawni proffwydoliaethau'r beirdd am fab darogan.

Dwysáu a wnaeth hiraeth y Cymry am fab darogan yn sgil methiant Rhyfel Glyndŵr, ac yn benodol yn sgil y deddfau penyd chwyrn a osodwyd arnynt; ond yna, ymhen llai na chanrif, fe lwyddodd Cymro i gipio coron Llundain ym mrwydr Bosworth yn Awst 1485, sef Harri Tudur o deulu Penmynydd, Môn, un o ddisgynyddion Ednyfed Fychan a pherthynas weddol agos i Owain Glyndŵr. Credai'r Cymry yn gyffredinol fod Harri Tudur, wrth esgyn i'r orsedd a dod yn 'Harri VII', wedi cyflawni'r proffwydoliaethau am fab darogan;[30] croesawent y deddfau uno a gyflwynwyd gan ei fab, Harri VIII, a'u gwnâi'n ddinasyddion cydradd â'r Saeson;[31] ac yna, pan ddaeth Iago VI o'r Alban yn Iago I Lloegr ym Mawrth 1603, ar ôl marw Elisabeth I, fe'i croesewid yntau gan y Cymry fel un o 'lîn Brutus' a lwyddasai i uno'r Ynys gyfan o dan un o'r hen Frytaniaid.[32]

Erbyn hynny yr oedd yr hen hanesyddiaeth draddodiadol Gymreig, a fu mor ddylanwadol yn llysoedd Lloegr yn ogystal ag yng Nghymru yn ystod yr unfed ganrif ar bymtheg,[33] wedi dechrau mynd dan gwmwl yn Lloegr. Bellach ymwrthodid yn gyffredinol â'i dilysrwydd gan haneswyr o'r tu allan i Gymru.[34] Bellach hefyd, ar ôl i Iago I fabwysiadu'r teitl 'Brenin Prydain Fawr' yn Hydref 1604, gwelid Prydeindod o fath arall, y Prydeindod un-genedl modern yn hytrach na'r hen Brydeindod 'Cymreig', yn mynd ar gynnydd arwyddocaol,[35] yn enwedig yn sgil yr uno ffurfiol rhwng Lloegr a'r Alban yn 1707 a'r rhyfela cyson rhwng Prydain a Ffrainc a nodweddai'r ddeunawfed ganrif.

Mae'n wir fod mwy a mwy o bobl o blith y Cymry hwythau yn amau'r hen hanesyddiaeth draddodiadol, a dilysrwydd 'Brut' Sieffre o Fynwy yn benodol, fel yr âi'r blynyddoedd yn eu blaen, er mai ychydig oedd eu nifer cyn y bedwaredd ganrif ar bymtheg.[36] Mae'n wir fod y Prydeindod newydd un-genedl yn mynd ar gynnydd cyson yng Nghymru hefyd, a mwy a mwy o'r Cymry yn dal y ddau fath o Brydeindod ynghyd mewn amwysedd sgitsoffrenaidd.[37] Dyna'r Diwygiwr Methodistaidd, Howel Harris (1714–73), er enghraifft, yn gwasanaethu gyda'r milisia yn Lloegr adeg y rhyfela â Ffrainc yng nghanol y ddeunawfed ganrif ac ar yr un pryd yn dwrdio'r Cymry am siarad Saesneg, gan gyfeirio atynt fel 'yr hen Frythoniaid'.[38] Dyna'r bardd Dafydd Ddu Eryri (David Thomas, 1759–1822) wedyn, yn llunio ar y naill law gân Saesneg ar y dôn *Rule Britannia* i ddathlu buddugoliaeth yn erbyn y Ffrancod yn 1798, ac ar y llaw arall yn llunio englynion yn annog 'cariad i'n henwlad a'n hiaith' ar gyfer cymdeithas o Gymry a oedd yn cyfarfod yng Nghaernarfon adeg Gŵyl Ddewi 1819.[39] Ond trwy'r cwbl, fe lynodd y Cymry, hyd yn oed y rhai dysgedig yn eu plith, yn syndod o deyrngar wrth eu hen hanesyddiaeth draddodiadol hyd yn ddiweddar iawn, gan barhau hyd at y bedwaredd ganrif ar bymtheg i ddefnyddio enwau megis

'Brytaniaid' a 'Cambro-Britons' amdanynt hwy eu hunain, a 'Brytaniaith', 'Brythoneg' ac 'ancient British tongue' am eu hiaith, a pharhau hefyd i ddyrchafu eu tras fel trigolion cynharaf yr Ynys. Dyna, er enghraifft, yr esboniad ar yr enw a roddwyd ar y gymdeithas Gymreig a ffurfiwyd yn Llundain gan Forrisiaid Môn ac eraill yng nghanol y ddeunawfed ganrif, sef Anrhydeddus Gymdeithas y Cymmrodorion (= 'y Cyn-frodorion', h.y., y brodorion cynharaf) – enw y gellid ei gyfieithu'n 'Honourable Society of Aborigines'.

Mae'n werth, efallai, bwysleisio tri pheth arall ynghylch yr hanesyddiaeth draddodiadol Gymreig.

Yn gyntaf, fe gafodd yr hanesyddiaeth honno hwb sylweddol iawn yng Nghymru ar ddechrau'r ddeunawfed ganrif yn dilyn cyhoeddi cyfrol Theophilus Evans, *Drych y Prif Oesoedd* (1716; argraffiad diwygiedig, 1740), a adroddai hanes cynnar Prydain a'r Cymry yn fywiog a rhamantus o safbwynt yr hanesyddiaeth draddodiadol Gymreig, ac a brofodd yn un o lyfrau Cymraeg mwyaf poblogaidd a dylanwadol y ddeunawfed ganrif a'r bedwaredd ganrif ar bymtheg, gan fynd i o leiaf ugain argraffiad erbyn 1900.[40]

Yn ail, rhaid bod yn ofalus iawn wrth drafod geiriau megis 'Prydain' a '*British*' yng ngweithiau awduron cyn yr ugeinfed ganrif, oherwydd y newid yn eu hystyr dros y canrifoedd, a'r amwysedd ar adegau yn eu defnydd. Er enghraifft, petai Cymro neu Gymraes wlatgar o ddechrau'r ddeunawfed ganrif yn darllen cerdd Gymraeg fwyaf poblogaidd ein cyfnod ni, byddai'n rhyfeddu gweld cenedlaetholwr mor bybyr â Gerallt Lloyd Owen yn dwrdio pobl am fod yn 'ddynion a Brydeiniwyd',[41] oherwydd yn y cyfnod hwnnw defnyddid gair megis '*British*' yn amlach na pheidio yn gyfystyr â 'Chymreig', h.y., i gyfeirio at hen drigolion Ynys Prydain o'u cyferbynnu â'r Saeson. Yn wir, yr oedd llawer o Saeson y ddeunawfed ganrif yn anhapus iawn â'r defnydd cynyddol o'r termau *'British'* a *'Great Britain'*, yn hytrach nag *'English'* ac *'England'*, a ddilynodd yr uno ffurfiol rhwng Lloegr a'r Alban yn 1707, pan fabwysiadwyd *'Great Britain'* yn enw swyddogol ar gyfer y deyrnas newydd gyfunol honno. I'r Saeson, enw ar bobl orchfygedig oedd *'British'*, a chan hynny'n enw amhriodol i'w osod arnynt hwy, eu gorchfygwyr; ac yr oedd yr un mor annerbyniol gan y Cymry gael eu galw'n *'Welsh'* yn hytrach nag yn *'British'*, am fod *'Welsh'* o ran ei ystyr yn labelu'r Cymry'n estroniaid yn eu gwlad eu hunain.[42] Yn y ddeunawfed ganrif, felly, y Saeson fyddai wedi protestio pe na bai modd nodi 'Seisnig' yn gategori ethnig mewn cyfrifiad; byddai'r Cymry wedi bod yn berffaith fodlon ar nodi 'Prydeinig' i ddynodi eu cenedligrwydd hwy!

Yn drydydd, mae'r ffaith fod y Cymry'n credu mai un o'r 'hen Frytaniaid' oedd ar orsedd Llundain o ddyddiau Harri Tudur ymlaen yn mynd yn bell tuag at egluro teyrngarwch diwyro'r rhan fwyaf o'r Cymry i goron Llundain hyd at yr ugeinfed ganrif – y teyrngarwch hwnnw a barodd i'r Archddiacon David Howell ('Llawdden') nodi yn 1893: 'Y mae wedi bod yn ddywediad yng Nghymru yr ymladdai Cymro dros Goron Prydain hyd yn oed pe gwisgid hi gan bôst llidiart.'[43] Rhaid cofio mai rhywbeth i'w ganmol mewn Cymro neu Gymraes wlatgar fyddai rhoi 'gwên i'r Frenhiniaeth'[44] mewn dyddiau a fu, oherwydd yr oedd bod rhywun o 'lîn Brutus' yn teyrnasu yn Llundain yn golygu fod y Cymry wedi cyflawni'r hen broffwydoliaeth ac wedi adennill prif goron yr Ynys. Hyd yn oed mor ddiweddar ag 1882, gallai adroddiad papur newydd yn disgrifio ymweliad mintai o Donypandy â Chilmeri i goffáu Llywelyn y Llyw Olaf, fynegi'r gobaith y byddai'r frenhines Victoria yn cyfrannu £100 i'r gronfa i godi cofgolofn i Lywelyn, 'o gofio ei bod hithau o hil a gwehelyth

Gomer'!⁴⁵ Yna, yn 1915, ymddangosodd y gyfrol *Gwlad Fy Nhadau: Rhodd Cymru i'w Byddin*, llyfr anrheg sy'n llawn detholion o lenyddiaeth Gymraeg ac o luniau lliw gan artistiaid Cymreig. Fe'i cyhoeddwyd dan olygyddiaeth John Morris-Jones ar gais Margaret, gwraig David Lloyd George, a holl elw'r cyhoeddiad yn mynd i 'Gronfa Genedlaethol y Milwyr Cymreig'; a diau nad yw heb ei arwyddocâd fod y gyfrol honno'n agor â darn yn dwyn y teitl 'Ynys Prydain', sef tamaid o Frut Sieffre sy'n gorffen trwy ddweud mai'r 'Brytaniaid a'i gwledychodd, hyd pan ddauth [*sic*] dial gan Dduw arnynt am eu balchter'. Fel y pwysleisiodd Dafydd Glyn Jones ar fwy nag un achlysur, bu gafael 'Ynys Prydain' ar ddychymyg y Cymry yn dynn eithriadol.⁴⁶

Beth yw arwyddocâd hyn oll o ran y portread o Owain Glyndŵr yn ein llên ar ôl diwedd ei ryfel annibyniaeth? Nid oes fawr sôn amdano gan y beirdd yn y blynyddoedd yn union ar ôl y rhyfel, dim marwnad iddo, dim cywyddau yn sôn am gampau'r rhyfel. Anodd bod yn sicr paham. Yn un peth, yr oedd cynnyrch barddol y cyfnod hwn yn brin yn gyffredinol oherwydd yr argyfwng a ddaeth ar y beirdd a'u cyfundrefn nawdd yn sgil yr argyfwng economaidd a chymdeithasol dwys a ddilynodd y rhyfel.⁴⁷ Mae'r sylw cyfarwydd, a gofnodwyd tua 1422, fod llawer yn dweud fod Glyndŵr wedi marw, ond fod y brudwyr yn dweud na fu,⁴⁸ yn awgrymu fod yna ganu iddo sydd wedi mynd 'ar ddifancoll fel Owain ei hun'.⁴⁹ Dichon hefyd na fyddai'n ddiogel nac yn ddoeth iawn i ganu'n rhy gyhoeddus i Owain yn rhy fuan ar ôl iddo ddiflannu. Ond wrth i'r canu brud am fab darogan fynd ar gynnydd yn y bymthegfed ganrif, y mae'r cyfeiriadau ynddo at Glyndŵr yn amlhau, a'r rheini'n ddieithriad yn dangos parch ac edmygedd.⁵⁰ Anodd bod yn sicr, yn aml, ai ato ef yn benodol y mae'r beirdd yn cyfeirio, am fod yr enw 'Owain' yn digwydd yn fynych yn enw generig ar y mab darogan yn y bymthegfed ganrif – dyna, yn wir, yr enw a ddefnyddid amlaf am y mab darogan yn y cyfnod hwnnw,[51] ffaith sydd ynddi ei hun yn awgrymog. Ond gydag amser canolwyd gobeithion y beirdd am waredigaeth yn gynyddol ar Owain arall a'i deulu, sef Owain Tudur o Benmynydd; ac ar ôl i Harri Tudur gipio coron Llundain yn 1485 nid oedd angen Glyndŵr mwyach am fod y mab darogan bellach wedi cyrraedd ym mherson Harri VII. Ys dywedodd brudiwr Cymraeg amlycaf y dydd, Dafydd Llwyd o Fathafarn, mewn cywydd yn llongyfarch Harri ar ei fuddugoliaeth ym mrwydr Bosworth: 'Cwncwerio a wnâi'r cing Harri,/Coron aur am ein câr ni.'[52] Teyrnfradwriaeth o hyn allan fyddai brudio am fab darogan arall.[53] Roedd Owain Glyndŵr bellach ar y clwt – o leiaf, cyn belled ag yr oedd ein traddodiad llenyddol swyddogol yn y cwestiwn – ac yr oedd i aros felly nes y byddai gafael 'hanes yr hen Brydain' ar ddychymyg y Cymry yn llacio, a galw am greu mythau newydd yn ei le.[54]

O William Shakespeare i Walter Scott

Fel y gellid disgwyl, negyddol at ei gilydd fu ymateb llenorion a haneswyr Lloegr i Owain Glyndŵr yn ystod y canrifoedd a ddilynodd ei ryfel annibyniaeth, er bod awgrym o barch at yr elfennau o hud a dirgelwch a gysylltir â'i hanes.[55] Bu peth newid yn y ddelwedd ohono ymhlith y Saeson gydag amser. 'Dihiryn, dyn i'w gofio fel testun gwawd a chasineb' ydyw yn y cyfnod yn union ar ôl y rhyfel, meddai Rees Davies; ond wrth i'r elfen o ofn gilio y mae'n troi 'yn esiampl o'r Cymro ystrydebol, uchel ei gloch, dwfn ei ach, chwyddedig ei honiadau ond digon diniwed ac, yn wir, tipyn yn smala'.[56]

Mae portread William Shakespeare o Owain Glyndŵr yn ei ddrama, *Henry IV, Part One*, a luniwyd tua 1597, yn gam allweddol yn y newid delwedd hwnnw. 'Cymeriad bostfawr ac ofergoelus . . . ond cymeriad hoffus a didwyll' yw Glyndŵr yn nrama Shakespeare.[57] Mae'r portread yn tanlinellu'r elfennau swyngyfareddol a gysylltir yn draddodiadol ag ef. 'The great magician, damn'd Glendower' ydyw i'r brenin Harri yn Act I, ac yn Act III dywed Owain amdano'i hun:

> At my nativity
> The front of heaven was full of fiery shapes,
> Of burning cressets; and at my birth
> The frame and huge foundation of the earth

> Shak'd like a coward ...
> These signs have mark'd me extraordinary;
> And all the courses of my life do show
> I am not in the roll of common men.

Honna fod ganddo'r gallu i godi ysbrydion o'r dyfnderoedd, a dichon fod geiriau Mortimer amdano yn adlewyrchu barn Shakespeare ei hun:

> In faith, he is a worthy gentleman;
> Exceedingly well read, and profited
> In strange concealments; valiant as a lion,
> And wondrous affable; and as bountiful
> As mines of India.

O'i gymharu â'r portread Seisnig arferol o Glyndŵr, y mae un Shakespeare yn syndod o gydymdeimladol. 'The portrait is shot through with insight, sympathy, and a human warmth' yw dyfarniad Rees Davies;[58] ac meddai Syr Walter Scott: 'The wild, mysterious, barbaric grandeur with which he [Shakespeare] has invested that chieftain has often struck me as very fine.'[59] Ond eithriad disglair yw'r portread hwn.

Mae'r un elfennau negyddol ag sydd ym mhortreadau'r Saeson i'w canfod yn gyffredinol yn ymateb Cymry'r haenau uwch ac addysgedig i Owain Glyndŵr yn ystod y canrifoedd a ddilynodd ei ryfel annibyniaeth. Nid pawb o'r uchelwyr Cymreig a gefnogodd Glyndŵr yn ystod y rhyfel ei hun. Ys dywed Dylan Foster Evans: 'Mae'n syndod, mewn gwirionedd, faint o deuluoedd cyfarwydd o hanes llenyddiaeth Cymru a oedd yn ymladd yn erbyn Owain Glyndŵr.'[60] Ac fel y dywed John Davies yn ei *Hanes Cymru*:

> Hyd yn oed ymhlith yr uchelwyr a gefnogasai Owain
> – neu efallai yn arbennig ymhlith y rheini – yr oedd

ewyllys gref i anghofio'r Gwrthryfel. Aberthasant eu gorffennol i'w dyfodol; yn y canrifoedd canlynol, fel rebel hanner-pan yr ystyrid Glyn Dŵr gan y rhan fwyaf o'r uchelwyr Cymreig.[61]

Bu rhai o'r Cymry'n ddigon llym eu beirniadaeth ar Owain Glyndŵr, gan ei alw'n ffŵl, yn fradwr, yn fethiant.[62] Ond hyd yn oed lle nad oedd beirniadu llym, digon llugoer oedd yr ymateb iddo at ei gilydd. Dyna'r gwladgarwr pybyr hwnnw, yr Esgob Richard Davies, er enghraifft. Er iddo gyfeirio at Owain Glyndŵr yn ei lythyr at y Cymry ar ddechrau'r cyfieithiad Cymraeg o'r Testament Newydd yn 1567, nid oes unrhyw gynheswydd amlwg yn y cyfeiriad ato. Yr hyn sydd uchaf yn ei feddwl wrth lunio'r llythyr yw'r golled i ddysg Gymraeg a achoswyd gan Ryfel Glyndŵr, am i gynifer o lawysgrifau Cymraeg gael eu difa yn y distryw cyffredinol a fu yr adeg honno.[63] Yn yr un modd, cymharu'r gorthrwm ar y Cymry a ddaeth yn sgil Rhyfel Glyndŵr â'r ffordd yr oedd y Cymry a'r Saeson yn cyd-dynnu mor dda erbyn ei ddyddiau ef a wna'r Piwritan, Charles Edwards, yn ei *Ffydd Ddi-ffuant* (1677).[64]

Roedd yr ymatebion llugoer, a hyd yn oed elyniaethus, hyn i barhau i raddau helaeth mewn ysgrifeniadau Cymraeg a Chymreig tra parhâi'r ymlyniad wrth yr hanesyddiaeth draddodiadol Gymreig a'r gred fod yr hen broffwydoliaethau wedi eu cyflawni a'r Cymry wedi adfeddiannu coron Llundain ym muddugoliaeth y Tuduriaid.[65] Er enghraifft, er iddo ei alw'n 'wron', digon claear yw ymdriniaeth fer y gwladgarwr tanbaid a dylanwadol hwnnw, Thomas Price ('Carnhuanawc'; 1787–1848), ag Owain Glyndŵr yn ei *Hanes Cymru* (1842); ar Owain arall, sef Owain Tudur, a'i ŵyr, Harri VII, y mae ei olygon mewn gwirionedd.

Ond wrth ochr yr ymateb llugoer neu elyniaethus, y mae'n amlwg fod Glyndŵr 'arall' yn bodoli yn y '*Little Tradition*', ymhlith y werin bobl, ar hyd y canrifoedd, a hwnnw braidd yn wahanol i Glyndŵr y '*Great Tradition*'. Yn nhraddodiad cof gwlad, nid bradwr na ffŵl mo Owain Glyndŵr, ond yn hytrach – yng ngeiriau cofiadwy Rees Davies – 'milwr cyfrwys, anturus, ystrywgar a dialgar, rhyw gymysgedd ryfedd o Fyrddin y Dewin, Houdini y consuriwr a'r Scarlet Pimpernel'.[66] A dyna'r Owain Glyndŵr sy'n dechrau brigo i'r golwg yn y '*Great Tradition*' yntau o ail hanner y ddeunawfed ganrif ymlaen.

Ffigur pwysig eithriadol yn y datblygiad newydd hwn yw Thomas Pennant (1726–98), yr hynafiaethydd, naturiaethwr ac awdur llyfrau-taith o sir y Fflint. Darparodd ef bortread newydd o Owain Glyndŵr yn ei *Tours in Wales* (1778), un mwy cynnes na'r arfer, a ddaeth yn sylfaen i'r ddelwedd newydd o Glyndŵr a ddatblygodd yn ystod y bedwaredd ganrif ar bymtheg. 'Pennant', meddai Rees Davies, 'was a warm-hearted patriot who approached Glyn Dŵr with sympathy. No longer was Glyn Dŵr a "notable rebel" nor even the somewhat comically self-important figure of Shakespeare's imagination; he was rather "our chieftain . . . unsubdued." Glyn Dŵr, the truly national hero, was being born.'[67] Casglodd Pennant ei ddeunydd o rychwant eang o ffynonellau, gan gynnwys cerddi a thraddodiadau llafar. Ys dywedodd John Davies yn ei *Hanes Cymru*: 'Trysorid ei goffadwriaeth [Glyndŵr] gan yr isel rai, ac yn eu plith hwy, ddiwedd y ddeunawfed ganrif, y casglodd Thomas Pennant y traddodiadau a sefydlodd Owain Glyn Dŵr yn ei briod le fel arwr pennaf y Cymry.'[68]

Wrth iddo yntau bwysleisio lle allweddol Thomas Pennant yn yr ailbortreadu a fu ar Owain Glyndŵr yn y cyfnod diweddar, defnyddia Gruffydd Aled Williams air cwbl allweddol, sef 'rhamantaidd'. Portread Pennant, meddai, a baratôdd y ffordd ar gyfer dyrchafu Glyndŵr 'yn y bedwaredd ganrif ar bymtheg i oriel arwyr cenedlaethol y Cymry. Fe geid digon o ddeunydd i borthi dychymyg beirdd rhamantaidd eu gogwydd yn hanes Glyndŵr fel y'i hadroddwyd gan Pennant.'[69] Er nad yw rhamantiaeth yn cyrraedd llenyddiaeth Cymru yn ei grym tan ddiwedd y bedwaredd ganrif ar bymtheg, y mae iddi le pwysicach yn ein bywyd diwylliannol yn ail hanner y ddeunawfed ganrif a hanner cyntaf y bedwaredd ganrif ar bymtheg nag a ystyrir yn aml. Fel yr awgrymwyd eisoes, yr oedd nifer o resymau dros y diddordeb newydd yn Owain Glyndŵr, a'r newid agwedd tuag ato, erbyn diwedd y ddeunawfed ganrif. Gellid nodi, er enghraifft, y llacio cynyddol yng ngafael yr hen hanesyddiaeth draddodiadol Gymreig a'r pwyslais cynyddol ar 'Brydeindod un-genedl', ynghyd â ffactorau megis y twf ym mhwysigrwydd y cysyniad o 'ryddid', y twf yn yr ymwybod cenedlaethol, a'r radicaliaeth a gysylltir â Rhyfel Annibyniaeth America a'r Chwyldro Ffrengig. Ond un o'r ffactorau pwysig, yn sicr, oedd y cynnydd mewn rhamantiaeth a welwyd yn ail hanner y ddeunawfed ganrif, oherwydd fel y dywed Geraint H. Jenkins am ysgrifennu hanesyddol yng Nghymru yn y cyfnod hwnnw:

> The new emphasis on druidism, Celticism and especially Romanticism encouraged historians to be more adventurous and imaginative. No self-respecting nation can flourish without its heroes, both real and imagined, and it became increasingly fashionable to view the history of Wales as a perpetual struggle by chivalrous patriots against Saxon oppressors.[70]

Un peth diddorol am y delweddu rhamantaidd cynnar hwn ar Glyndŵr yw mai yn Saesneg y mae llawer o'r deunyddiau. Mae'n rhaid aros tan Oes Victoria cyn cael fawr o ddeunydd printiedig amdano yn y Gymraeg. Un o'r rhesymau am hynny yw'r diddordeb ysol mewn Celtigiaeth a gododd ymhlith llenorion Lloegr yng nghanol y ddeunawfed ganrif ac a oedd yn rhyw fath o ragredegydd i ramantiaeth.[71] Er na chafodd yr un faint o sylw ag Owain Glyndŵr, yr un yn fras yw natur datblygiad y portread o Lywelyn y Llyw Olaf dros y canrifoedd.[72] Mae'n ddiwedd y ddeunawfed ganrif arno yntau'n dechrau dod i amlygrwydd fel arwr cenedlaethol, yn rhan o'r un symudiad rhamantaidd sy'n dyrchafu Glyndŵr i rengoedd yr arwyr.

Enghraifft gynnar o'r sylw newydd hwn yn achos Llywelyn yw cerdd enwog Thomas Gray (1716–71), *The Bard*, a gyhoeddwyd yn 1757, ac sy'n seiliedig ar stori am Edward I yn lladd y beirdd Cymraeg adeg y Goncwest.[73] Un o brif ffynonellau Thomas Gray ynghylch materion Cymreig oedd un o wladgarwyr Cymreig mwyaf y ddeunawfed ganrif, sef Evan Evans ('Ieuan Fardd' neu 'Ieuan Brydydd Hir'; 1731–88); ac y mae'n ddiddorol gweld Ieuan yn crybwyll Owain Glyndŵr mewn cerdd Saesneg hir, *The Love of Our Country*, a ymddangosodd ychydig flynyddoedd cyn i Thomas Pennant gyhoeddi ei waith dylanwadol ef ar Glyndŵr.[74]

Tipyn o gymeriad oedd Ieuan Fardd, a dweud y lleiaf! Brodor o Geredigion ydoedd, a dreuliodd ei yrfa yn gurad tlawd yn Eglwys Loegr, yn crwydro o blwyf i blwyf ac yn methu cael dyrchafiad gan awdurdodau'r Eglwys, yn rhannol oherwydd ei fedd-dod diarhebol, ond yn rhannol hefyd oherwydd ei wladgarwch. Meddai'r diweddar Aneirin Lewis, y prif awdurdod ar ei fywyd a'i waith:

> Yr oedd yn broffwyd o offeiriad ac ni allai ddal ei dafod pan welai awdurdodau Eglwys Loegr yn hyrwyddo'r polisi o Seisnigo'r Cymry trwy gynnal gwasanaethau yn yr iaith Saesneg a thrwy benodi Saeson yn offeiriaid mewn plwyfi lle'r oedd mwyafrif llethol y plwyfolion yn Gymry uniaith. Protestiodd â holl angerdd ei enaid yn erbyn yr anghyfiawnder hwn a chael ei erlid o'r herwydd.[75]

Ond er gwaethaf pob rhwystr, ef oedd ysgolhaig Cymraeg mwyaf ei ddydd, heb sôn am fod yn bont bwysig iawn rhwng neo-glasuriaeth a rhamantiaeth[76] ac yn 'dad' cenedlaetholdeb modern yng Nghymru.[77]

Yn 1772 y cyhoeddodd ei gerdd, *The Love of Our Country* – 'the author's first performance in the English tongue', meddai amdani. Fe'i hysgrifennwyd, yn ôl ei dystiolaeth ef ei hun, 'chiefly, to inculcate the love of their country, to men of learning and fortune in Wales', ac ynddi y mae'n mabwysiadu'r arfer a ddaeth mor gyffredin wedyn, sef crybwyll Glyndŵr a Llywelyn yn yr un gwynt wrth restru arwyr hanes Cymru:

> When liberty was lost – and Cambria's pride,
> The brave Llywelyn for his country died,
> When cruel Edward heavy burdens laid,
> And like a vulture on his subjects prey'd;
> Britons incens'd the tyrant's fetter's [sic] broke,
> And would no longer bear the slavish yoke,
> His minion, Puleston, tho' belov'd, they slew,
> Still to their liberty and country true.
> When under heavier pressures still they lay
> And bold usurping Henry bore the sway,
> The great Glyndwr no longer could contain,
> But, like a furious lion, burst the chain,

> None could resist his force: like timorous deer
> The coward English fled, aghast with fear . . .⁷⁸

Cynnyrch Saesneg, rhamantaidd, felly, yw prif ffrwd yr ysgrifennu am Owain Glyndŵr yn y cyfnod rhwng ail hanner y ddeunawfed ganrif ac Oes Victoria. Er y ceir peth sôn amdano mewn gweithiau Cymraeg yn y cyfnod, gweithiau Saesneg gan bobl megis Felicia Hemans, T. J. Llewelyn Prichard, John Vaughan Lloyd a Thomas Thomas (rheithor Aber-porth) sy'n hawlio blaen y llwyfan.⁷⁹ Ac nid awduron Cymreig yn unig. Er enghraifft, mewn cerdd yn 1808, cyfeiria Walter Scott at hanesyn am Glyndŵr, gan ei alw'n un o 'chwedlau gwyllt' y Cymry.⁸⁰ Roedd Cymru i Walter Scott yn lle rhamantaidd a gystadlai hyd yn oed â'r Alban. Meddai:

> I will own that the idea of taking a Welsh subject, and even the very topic of Glendower . . . crossed my imagination . . . the gallant resistance made by the Welsh to their engrossing neighbours affords as many grand situations as the romantic country which they inhabit contains beautiful localities.⁸¹

Mae'n drueni na fyddai Walter Scott wedi mentro i fyd Glyndŵr yn ddyfnach nag a wnaeth. Bu nifer o awduron rhamantaidd Saesneg amlwg, megis Wordsworth a Shelley, yn ymddiddori'n fawr yng Nghymru, ond yn gweld y Gymraeg yn ormod o rwystr iddynt ymdrwytho'n llwyr yn y wlad a'i diwylliant. 'Another language spreads from coast to coast', meddai Wordsworth am Gymru.⁸² Ac ymddengys mai dyna sefyllfa Walter Scott yntau. Meddai wrth sôn am y syniad o gymryd Glyndŵr, neu ryw bwnc Cymreig arall, yn destun nofel: 'The mere knowledge of facts might be acquired by study, but [what of] the far more indispensable peculiarities of language, habits and manners?'⁸³ A'r hyn a welwn gydag

Oes Victoria yw Owain Glyndŵr yn dod yn ffigur amlycach mewn llenyddiaeth Gymraeg – yn wir yn dod i flaen y llwyfan yn llythrennol, oherwydd y lle canolog a fu iddo ym mudiad y ddrama Gymraeg.

Toriad y Wawr

Yng nghanol y bedwaredd ganrif ar bymtheg cafwyd datblygiad pwysig yn hanes y portread o Owain Glyndŵr yn sgil cyhoeddi dogfennau yn deillio o gyfnod ei ryfel, ac yn enwedig y llythyrau a anfonodd at frenin Ffrainc.[84] Sylweddolwyd â chryn syndod yr adeg honno gymaint o wladweinydd a gweledydd oedd Owain Glyndŵr yn ei ddydd, a gwelwn yn ystod y bedwaredd ganrif ar bymtheg gymathu cynyddol rhwng y portread ohono fel arweinydd rhamantaidd, anturus a'r pwyslais newydd hwn arno fel arweinydd gwlad.

Un o'r pethau trawiadol am hanes Cymru yw'r modd y mae'r ymwybod cenedlaethol yn ymadnewyddu o genhedlaeth i genhedlaeth, er gwaethaf pob dylanwad er seisnigo. Dyna a welwn yn yr 1880au yn y symudiad cenedlaethol a gysylltwn ag enw mudiad Cymru Fydd, symudiad y bu'r haneswyr O. M. Edwards a J. E. Lloyd – dau a roddodd amlygrwydd mawr i Glyndŵr yn eu gwaith – yn flaenllaw ynddo; a'r cyfnod o tua 1880 hyd at y Rhyfel Byd Cyntaf, ond odid, yw cyfnod anterth Owain Glyndŵr fel eicon cenedlaethol. Yn ôl Rees Davies:

> Dyna ran o gyfrinach gwir apêl arwr hanesyddol: nid ffigwr marw yn perthyn i gyfnod ydyw,

ond cymeriad byw sydd yn oesol ei apêl o ran ei bersonoliaeth a'i ddelfrydau ac, o bosib yn bwysicaf oll, person y gellir ail-ddiffinio ei ddelwedd o un genhedlaeth i'r llall i gyd-fynd â dyheadau'r oes.[85]

Ac yn sicr, erbyn diwedd Oes Victoria gwelwn rai megis O. M. Edwards yn mynd ati i orseddu Owain Glyndŵr yn un o brif arwyr y Cymry a'i adlunio i gyd-fynd â delfrydau'r oes honno.[86]

Yn un peth, wrth gwrs, yr oedd y rhamantiaeth a'r arwriaeth a'r dirgelwch a gysylltid ag ef yn apelio at ysbryd oes O. M. Edwards. Roedd ymlyniad y werin bobl wrtho, yn ystod ei oes ei hun a thrwy gof gwlad y canrifoedd, hefyd yn apelio'n fawr mewn cyfnod a oedd yn dyrchafu'r 'werin' yn gynyddol. Owain Glyndŵr a 'arweiniodd y werin yn ei deffroad cyntaf', meddai Owen M. Edwards, hyrwyddwr mawr 'ail ddeffroad' y werin yn niwedd y bedwaredd ganrif ar bymtheg.[87] Ac yr oedd rhaglen wleidyddol Glyndŵr, a amlygwyd yn ei ohebiaeth â brenin Ffrainc, yn asio'n berffaith â dyheadau cenedlaetholwyr ifainc y cyfnod – creu sefydliadau cenedlaethol, gan gynnwys prifysgol; datgysylltu'r eglwys; sefydlu senedd. Nid syndod, felly, yw gweld toreth o ysgrifennu am Owain Glyndŵr yn niwedd y bedwaredd ganrif ar bymtheg a dechrau'r ugeinfed, yn nofelau, pryddestau, dramâu, darnau adrodd a chanu, ac yn y blaen.[88] Nid syndod ychwaith yw gweld 'Glyn' a 'Glyndwr' yn enwau poblogaidd ar blant ac wyrion Cymry'r oes honno.

Mae'n werth pwysleisio, hefyd, un agwedd arall ar bortread O. M. Edwards a'i gyfoeswyr o Owain Glyndŵr, sef yr hyder a'r gobaith sy'n pefrio trwyddo, a hynny eto yn gweddu i ysbryd hyderus yr oes honno. 'Gobaith am y dyfodol yw popeth Glyndŵr,' meddai Elissa Henken; 'Ei brif bwysau symbolaidd yw fel arwr-waredwr, yr arwr y bydd ei ddyfodiad,

neu gan na fu farw, ei ddychweliad, yn adfer ei hen ogoniant
i'r genedl.'[89] Mae hynny yn sicr yn wir yng nghyfnod O. M.
Edwards. 'Machludodd seren Glyndyfrdwy, ond y mae'n codi
eto heddyw, ac Owen Glyndwr yn fyw ar flaen y gad', meddai
Owen M. Edwards wrth gloi'r rhagymadrodd i'w argraffiad
Cymraeg o waith Thomas Pennant ar Owain Glyndŵr. Ar
ddiwedd y gyfrol honno cynhwyswyd dwy gerdd am Glyndŵr
gan 'Bryfdir' (Humphrey Jones; 1867–1947) sydd yn llawn
gobaith meseianaidd. 'Daw gwawr ar Gymru', meddai llinell
glo un ohonynt, ac y mae'r ddelwedd o 'wawr' yn digwydd
droeon yng nghyd-destun Owain Glyndŵr yn y cyfnod hwn.
Meddai L. J. Roberts (1866–1931), golygydd cerdd cylchgronau
O. M. Edwards, wrth gloi darlith ar Glyndŵr yn 1904: 'Y mae
Cymru yn deffro: clywir swn ym mrig y morwydd: y mae'r
wawr yn dechreu codi.'[90] Dywed Tom Matthews, Llandybïe,
wedyn, yn ei olygiad o waith bardd Owain Glyndŵr, Iolo
Goch, yng Nghyfres y Fil yn 1915: 'Cawn yn ei gywyddau
gân gwawr deffroad cenedlaethol i ryddid.'[91] Ac y mae un
o'r gweithiau enwocaf am Owain Glyndŵr yn y cyfnod hwn
– drama-basiant Beriah Gwynfe Evans, *Glyndwr: Tywysog
Cymru*, a luniwyd ar gyfer dathliadau Arwisgo Tywysog
Cymru yng Nghaernarfon yn 1911 – yn gorffen â'r araith hon
gan Glyndŵr, araith sy'n enghraifft berffaith o adlunio arwr i
gyd-fynd â delfrydau oes:

> Gyd-Gymry ffyddlon oll! Fe fethodd brad, a methu
> wna! Gwladgarwch pur, ffyddlondeb gwir, a dania
> mwyach ein calonnau oll! Tra Cymru'n ffyddlon iddi
> ei hun – a'i Duw – ni all un gelyn ei darostwng hi!
> Bu Cymru'n fawr ei chlod mewn oesau gynt. Bydd
> eto'n uwch ei bri yr oesau ddaw! Ar ol y storm, daw
> heulwen; ar ol y gaeaf, haf; ac wedi rhyfel heddwch, –

a llwydd i Gymru fad! Mae'r dydd yn dod, a gwelaf ef yn gwawrio draw, ca'r Sais a'r Cymro drigo yn gytun mewn hedd a chydgord llawn, heb drais, na brad, na llid, – a'r ddau yn ceisio lles a llwydd ei wlad. Tra byddwn ninnau'n ffyddlon ac yn bur i'n gwlad, i'n gilydd, ac i'n Duw, – gwenau Ior fydd ar ein gwlad!

Beriah o'r Blaenau a Byd y Ddrama

'Blaenau Gwent yw crud y ddrama Gymraeg fodern.' Dyna a ddywedais yn y cylchgrawn *Taliesin* yn Hydref 2001, yn y dyddiau pan oedd Llew Smith yn Aelod Seneddol dros etholaeth Blaenau Gwent. Yr adeg honno mentrais ddweud mai 'Anhygoel!' fyddai'r ymateb i'r geiriau hynny gan y rheini o ddarllenwyr *Taliesin* a oedd wedi dod i feddwl am Flaenau Gwent fel ymgorfforiad, bron, o'r elfennau mwyaf adweithiol a thaeogaidd yn y Gymru gyfoes. Onid o'r fan honno, wedi'r cwbl, y cafwyd rhai o'r lleisiau mwyaf croch yn erbyn datganoli, yn erbyn y Gymraeg, yn erbyn codi adeiladau cenedlaethol teilwng ym Mae Caerdydd?

Yn wir, euthum mor bell ag awgrymu nad amhriodol fyddai rhoi'r label 'meddylfryd Blaenau Gwent' ar y diffyg menter a dychymyg a fu'n ormod o nodwedd ar ein Cynulliad Cenedlaethol a Llywodraeth Cymru hyd yna.[92] Roedd hynny oll, wrth gwrs, cyn i Peter Law ymddiswyddo o'r Blaid Lafur ac ennill sedd Blaenau Gwent yn Etholiad Cyffredinol 2005 fel ymgeisydd annibynnol, gan drechu'r ymgeisydd Llafur swyddogol yn yr hyn a fu, cyn hynny, yn un o'r seddi mwyaf diogel i'r Blaid Lafur ym Mhrydain gyfan! Dangosodd ethol Peter Law, ynghyd â buddugoliaethau etholiadol ei weddw, Trish Law, yn 2006 a 2007, fod ysbryd amgen na'r un taeogaidd yn cyniwair o hyd ymhlith gwerin Blaenau

Gwent.⁹³ Ac yn sicr, dangosodd fod drama yn parhau yn rhan o fywyd y Blaenau!

Yr enghraifft *par excellence* o'r diffyg menter a dychymyg a nodweddai arweinwyr Llafur Blaenau Gwent yn ôl yn 2001 oedd y ffordd y bu'n well gan y cyngor lleol a'r Cynulliad ddefnyddio arian cyhoeddus i ddymchwel ffatri Dunlop Semtex Bryn-mawr, adeilad o arwyddocâd pensaernïol rhyngwladol, yn hytrach nag ymateb i apêl ddychmyglon nifer o'n hartistiaid a'n penseiri blaenllaw i'w throi yn '*Tate Modern*' Gymreig.⁹⁴ Mor wahanol i hynny oedd menter y to o wladgarwyr Rhyddfrydol Cymreig a fu y tu cefn i godi adeiladau dinesig hardd Parc Cathays yng nghanol Caerdydd ar ddechrau'r ugeinfed ganrif!⁹⁵

Un o'r to hwnnw oedd Beriah Gwynfe Evans (1848–1927), un o sylfaenwyr Cymrodorion Caerdydd yn 1885.⁹⁶ Ond nid yng Nghaerdydd y ganed ef, eithr yn Nant-y-glo ym Mlaenau Gwent. Er bod cymylau'r seisnigo mawr yn hanes y Blaenau yn dechrau crynhoi o ddifrif adeg geni Beriah, yr oedd y gymdeithas yno ar y pryd yn un 'a oedd at ei gilydd yn Gymraeg ei hiaith ac a allai gynnal sefydliadau cymdeithasol a chrefyddol Cymraeg ffyniannus, gwasg Gymraeg a thraddodiad barddol bywiog'.⁹⁷ Yn wir, mor llewyrchus oedd bywyd diwylliannol a chrefyddol yr ardal yng nghanol y bedwaredd ganrif ar bymtheg fel y llwyddid i ddenu yno gnwd da o arweinwyr cenedlaethol eu statws i weinidogaethu yng nghapeli'r cylch, pobl megis Thomas Rees yng Nghendl (*Beaufort*), Cynddelw yn Sirhywi, ac Ieuan Gwynedd yn Nhredegar.⁹⁸

Tipyn o gymeriad oedd tad Beriah, y Parch. Evan Evans (1804–86), neu 'Evans Bach Nant-y-glo' fel yr adwaenid ef yn gyffredin. Brodor o ardal Llangeitho oedd Evan Evans, a symudodd i sir Fynwy yn 1824. Maged ef ymhlith y

Methodistiaid Calfinaidd, a pharhaodd yn Fethodist hyd 1847, pryd yr ymunodd â'r Annibynwyr. Roedd yn gymeriad egnïol, penderfynol ac ymfflamychol, yn bregethwr poblogaidd ac yn awdur toreithiog. Fe'i disgrifiwyd gan ei fab, Beriah, fel 'un o ddiwygwyr Cymru mewn llen, moes a chrefydd, un o Fethodistiaid mwyaf anibynnol, ac un o Anibynwyr mwyaf methodistaidd ei oes'.[99] Roedd yn un o arloeswyr y mudiad dirwest yn yr 1830au, a dioddefodd dipyn o erlid gan ei gydgrefyddwyr oherwydd ei ddaliadau dirwestol. Ar ôl bod yn ysgolfeistr ac yn weinidog yng Ngwent a Morgannwg, fel nifer o'i deulu o'i flaen (gan gynnwys ei dad a'i ferch), ymfudodd i'r Unol Daleithiau yn 1869. Bu'n gweinidogaethu yn Ohio ac yna yn Arkansas, lle y bu farw yn 1886 yn 83 oed.[100] Ond aros yng Nghymru a wnaeth ei fab, Beriah, lle y gwnaeth gyfraniad pwysig ac amlochrog i'n bywyd cenedlaethol.[101]

'Egnïol' yw un o'r geiriau cyntaf a ddaw i'r meddwl yn achos Beriah Evans yntau, gyda 'penderfynol' ac 'uchelgeisiol' yn ei ddilyn yn bur agos.[102] 'Gŵr byr, goleubryd, chwim ei symudiadau' yw disgrifiad William George, Cricieth, ohono.[103] 'Yr oedd ynni diderfyn a mynd diorffwys ynddo bob amser, hyd yn oed wedi iddo fyned yn hen ŵr', meddai'r newyddiadurwr E. Morgan Humphreys, gan ychwanegu: 'y mae'n rhaid ei fod yn ffrwydrol bron pan oedd yn ddyn ieuanc.'[104]

Yn ddeunaw oed aeth Beriah yn athro i Wynfe, sir Gaerfyrddin, ac aros yno am un mlynedd ar bymtheg, gan symud i ysgol gynradd Llangadog yn 1882. Priododd ferch fferm y Neuadd, Gwynfe, yn 1871, a dyma'r cyfnod y mabwysiadodd yr enw canol 'Gwynfe'.[105] Saesneg oedd cyfrwng ei ddysgu fel athro yng Ngwynfe, fel y dengys ei dystiolaeth i'r Comisiwn Brenhinol ar Addysg ('Comisiwn Cross') yn 1887:

> At Gwynfe I never permitted a word of Welsh to be spoken under any circumstances outside the school room or even on the playground. I am to this date ashamed to own that I as a schoolmaster, did what was at one time an universal custom, and caned boys for using in my hearing their mother tongue . . . I shall regret it to my dying day.[106]

Ond fel y gwelir o ddiwedd y dyfyniad, newidiodd Beriah ei safbwynt yn sylfaenol ar y mater hwn, a daeth yn un o'r prif ymgyrchwyr dros ennill lle teilwng i'r Gymraeg yn ysgolion Cymru. Ef oedd ysgrifennydd cyntaf 'Cymdeithas yr Iaith Gymraeg', y gymdeithas a sefydlwyd yn 1885 i hyrwyddo'r Gymraeg ym myd addysg, ac arwydd arall o'i wladgarwch pybyr a'i amlygrwydd ym mywyd cyhoeddus Cymru yw'r ffaith iddo gael ei ethol yn ysgrifennydd cyntaf 'Cynghrair Cenedlaethol Cymru Fydd' yn 1895.[107]

Daeth Beriah i amlygrwydd cenedlaethol tua 1880, yn enwedig yn sgil ennill gwobrau eisteddfodol am ddrama a nofel am Owain Glyndŵr yn 1879 a sefydlu ei gylchgrawn poblogaidd, *Cyfaill yr Aelwyd*, yn Hydref 1880. Dyma adeg ei 'public self-launch', chwedl E. G. Millward.[108] Cylchgrawn amrywiol iawn ei gynnwys, 'at wasanaeth oriau hamddenol y Cymry', oedd *Cyfaill yr Aelwyd*, a gellir ei ystyried yn fath o ragredegydd i gylchgrawn enwog a dylanwadol O. M. Edwards, *Cymru*, a sefydlwyd yn 1891.

Bu Beriah yn ysgrifennu i bapurau newydd ar hyd ei fywyd, ond o 1887 ymlaen daeth newyddiadura yn brif alwedigaeth iddo, yng Nghaerdydd am ychydig, ac yna yng Nghaernarfon o 1892 ymlaen, ar ôl i David Lloyd George ddod ar gyrch arbennig i Gaerdydd i'w berswadio i fynd yn olygydd *Y Genedl Gymreig*. Roedd yn un o newyddiadurwyr amlycaf ei ddydd, ac y mae 'iddo ei le diogel yn hanes newydd-iaduraeth Cymru'.[109]

Parhaodd egni Beriah hyd ei fedd. Yn 1924, ac yntau bron yn 76 oed, aeth yn olygydd *Y Tyst*, a dyblu'r cylchrediad dros nos, bron![110] Yn wleidyddol, trodd ei gefn ar Ryddfrydiaeth ar ôl y Rhyfel Byd Cyntaf, gan ymuno â'r Blaid Lafur yn gyntaf, ac yna â'r Blaid Cymru newydd-anedig ychydig cyn ei farw yn 1927.[111] Ar un wedd, felly, gwelwn ynddo hyd y diwedd y gallu i ymaddasu. Eto, yn y gwraidd, arhosai'n un o bobl Oes Victoria – heb fawr o gydymdeimlad ganddo, er enghraifft, â'r adfywiad llenyddol a gysylltwn â phobl fel T. Gwynn Jones ac W. J. Gruffydd. Ys dywedodd E. Morgan Humphreys: 'Digwyddiadau'r dydd oedd ei bethau ef, a'i gefndir oedd bywyd y De pan oedd yn ddyn ieuanc.'[112] Gwelir y cyfuniad hwn o'r gorffennol a'r cyfoes yn glir yn achos Gorsedd y Beirdd. Yn 1922 fe'i penodwyd yn Gofiadur yr Orsedd. Aeth ati i ddiwygio ei threfniadaeth a'i seremonïau, ac yr oedd am ei datblygu'n rhyw fath o Academi Genedlaethol; eto, yr un pryd, amddiffynnai'n frwd ei hynafiaeth dybiedig yn erbyn ymosodiadau ysgolheictod y dydd.[113] Yn ei galon, felly, creadur o Oes Victoria oedd Beriah hyd y diwedd, ac yn sicr, creadur o Oes Victoria a luniodd y gyfres o ddramâu a ysgrifennodd rhwng 1879 ac 1914.

Brawddeg glo'r cofnod ar Beriah Gwynfe Evans yn y *Cydymaith i Lenyddiaeth Cymru* yw: 'Ysgrifennodd hefyd amryw o ddramâu ar bynciau hanesyddol, ond ychydig o gamp sydd arnynt.' Mae'n ddigon gwir nad yw ei ddramâu yn gampweithiau, ond nid yw sylw felly'n gwneud cyfiawnder â'i gyfraniad i'r ddrama Gymraeg, o bell ffordd.

Bu perthynas agos o gas a chariad rhwng drama a chrefydd ar hyd y canrifoedd. Ar y naill law, bu defodau crefyddol yn darddle i ddrama, fel yng nghyfnod clasurol y ddrama yng ngwlad Groeg yn y bumed ganrif cyn Crist, neu yn natblygiad y ddrama firagl yn yr Oesoedd Canol. Ar adegau eraill, megis diwedd cyfnod yr ymerodraeth Rufeinig, bu crefydd yn gyfrwng lladd drama. A gwelwn y ddwy duedd hyn ar waith yng Nghymru'r bedwaredd ganrif ar bymtheg.[114]

Dywedir mai'r ddau beth a allai dynnu tyrfa i'r maes yng ngogledd Cymru ar ddechrau'r bedwaredd ganrif ar bymtheg oedd anterliwt a phregeth 'fethodistaidd'.[115] Ffurf ar drai oedd yr anterliwt erbyn hynny, yn perthyn i hen batrwm cymdeithasol a oedd ar ddarfod amdano; ac er i'r anterliwt lusgo byw hyd at tua chanol y bedwaredd ganrif ar bymtheg, y mae dyddiad ei marw yn cyd-daro i bob pwrpas â dyddiad marw'r anterliwtiwr enwocaf oll, Twm o'r Nant, yn 1810. Er bod nifer o ffactorau wedi cyfrannu at dranc yr anterliwt, yr oedd twf crefydd fethodistaidd yn sicr yn elfen bwysig,[116] a gwelwyd yr efengylydd teithiol yn disodli'r anterliwtiwr ar fuarth ffarm ac ar gyrion ffair. Enillodd y bregeth y dydd ar yr anterliwt, felly, yn y frwydr ar gyfer clust y bobl; ac yn y pwlpud yn hytrach nag ar lwyfan y cafwyd y deunydd dramatig mwyaf poblogaidd a dylanwadol yn y Gymraeg yn ystod hanner cyntaf y bedwaredd ganrif ar bymtheg.[117]

Bu cryn wrthwynebiad i'r ddrama gan lawer o ddeiliaid crefydd fethodistaidd y bedwaredd ganrif ar bymtheg, fel ag i'r nofel, neu unrhyw ffuglen arall o ran hynny, a byddai'r gwrthwynebiad hwnnw'n parhau mewn sawl cylch yn eithaf pell i mewn i'r ugeinfed ganrif.[118] Ond fel y bu gan grefydd ran yn lladd yr anterliwt, felly y bu ganddi ran hefyd yn yr ailegino a welwn ar y ddrama Gymraeg yn ail hanner y bedwaredd ganrif ar bymtheg. Wrth i'r capeli dyfu'n fwy o sefydliadau cymdeithasol, ac wrth i ymbarchuso Oes Victoria ddyfnhau, y mae'r elfen ddramatig yn y pregethu yn lleihau;

ond ar yr un pryd, y mae'r ddrama'n cynyddu yn y festri, wrth i ddramodigau crefyddol, yn enwedig rhai ar gyfer plant a phobl ifainc, ddechrau datblygu'n rhan o weithgarwch y capeli.[119] Nid gormod honni, yn wir, mai festri'r capel yw man geni'r ddrama Gymraeg fodern.[120]

Byddai Beriah Gwynfe Evans yn cymryd rhan yn y dramodigau hyn pan oedd yn blentyn ym Mlaenau Gwent. Un o'i atgofion cynnar oedd chwarae rhan Jona mewn dramodig yng nghapel Cendl (*Beaufort*) yn 1858, pan oedd tua deng mlwydd oed, a chael ei daflu oddi ar y llwyfan o flaen y pulpud i'r 'môr' (sef dros yr astell i'r pulpud ei hun) gan ddau ddyn a chwaraeai ran morwyr.[121] Dramodigau'r capeli oedd y dylanwad cyntaf arno ym myd y ddrama, felly, a dichon mai hwy a daniodd y diddordeb a'i gwnaeth maes o law yn 'un o'r arloeswyr dycnaf a mwyaf di-droi'n-ôl yng Nghymru' yn achos y ddrama.[122] Yn sicr, arwydd o'u pwysigrwydd yn ei olwg ef yw iddo ddefnyddio dramodigau o'r fath gyda'r plant yn Ysgoldy Gwynfe ac iddo hefyd geisio darparu cyflenwad cyson ohonynt, o'i waith ef ei hun ac eraill, ar dudalennau ei gylchgrawn, *Cyfaill yr Aelwyd*. Ymhellach, ceisiodd eu datblygu o ran crefft a chwmpas eu cynnwys, a hyrwyddo eu poblogrwydd yn gyffredinol.[123] Gweithiodd Beriah yn galed hefyd ar dudalennau *Cyfaill yr Aelwyd* ac mewn mannau eraill 'i hyfforddi'r Cymry yn y grefft o actio a llwyfannu dramâu', a hynny (meddai E. G. Millward) er mwyn gwireddu ei 'uchelgais eirias i fod yn brif ddramodydd ei gyfnod'.[124] Ac nid dyna ben draw ei uchelgais lenyddol ychwaith, oherwydd yr oedd am ymenwogi fel nofelydd yn ogystal ag fel dramodydd, a dod yn amlwg fel llenor a dramodydd Saesneg yn ogystal ag un Cymraeg.

Bu gan Owain Glyndŵr le pwysig yn ymgais Beriah i ddod yn llenor Cymraeg a Saesneg o fri. Crybwyllwyd eisoes iddo ennill gwobrau yn 1879 am nofel a drama am Owain Glyndŵr, ac ennill y ddwy wobr hyn oedd y camau mawr cyntaf ar lwybr ei uchelgais lenyddol. Daeth ei nofel ar Glyndŵr i'r brig mewn cystadleuaeth adeg Eisteddfod Deheubarth Cymru yng Nghaerdydd ym Medi 1879. Yn Saesneg y lluniodd y nofel, er iddo ei chyfieithu wedyn i'r Gymraeg a'i chyhoeddi'n gyfres mewn papurau newydd yng Nghymru ac yn yr Unol Daleithiau. Yn ôl y deunydd cyhoeddusrwydd, bwriadai Beriah i'r fersiwn Saesneg o'r nofel, '*Bronwen*', *An Historical Tale of Owen Glyndwr*, fod y gyntaf mewn cyfres o ramantau hanesyddol poblogaidd, yn null Walter Scott, o dan y teitl 'The Gwynfe Novels', er na ddaeth dim o hynny yn y diwedd.[125] Yna, yn yr un flwyddyn, enillodd yn Eisteddfod Gadeiriol Eryri yn Llanberis ar ddrama Gymraeg am Owain Glyndŵr, drama a gyhoeddwyd yn 1880 dan y teitl *Chwareu-gan: (Drama) (yn null Shakespeare,) ar 'Owain Glyndwr'*,[126] ac a gyfieithwyd ganddo hefyd i'r Saesneg.[127] Er yr honiadau fod ei ddrama 'yn null Shakespeare' a'i nofel 'yn null Walter Scott', nid oeddynt yn yr un cae â gweithiau'r ddau awdur hynny. Methiant fu ymgais Beriah i ddod yn llenor a dramodydd Saesneg o bwys, a methiant hefyd yn y pen draw fu ei ymgais i gynhyrchu nofelau a dramâu o werth arhosol yn y Gymraeg; ond wedi dweud hynny, y mae ei weithgarwch yn llunio dramâu hanesyddol, ac yn benodol ei waith yn llunio ei ddrama ar Glyndŵr yn 1879, yn allweddol yn natblygiad y mudiad drama a ddechreuodd o ddifrif yng Nghymru yn yr 1880au.

Oriel Beriah o Arwyr Dramatig

Fel yr awgrymwyd eisoes, y cyfnod o tua 1880 hyd at y Rhyfel Byd Cyntaf yw blynyddoedd anterth Owain Glyndŵr fel eicon cenedlaethol. Nid yw hynny'n annisgwyl. Un o nodweddion yr adfywiad cenedlaethol a welwyd o tua 1880 ymlaen oedd yr ymgais i orseddu oriel o arwyr cenedlaethol yn nychymyg y Cymry. Gwelwn hyn ar waith yn y cofiannau a'r rhamantau hanesyddol a'r arwrgerddi sydd mor gyffredin yn y cyfnod, heb sôn am ymdrechion mwy systematig a phroffesiynol O. M. Edwards i ailgyflwyno a phoblogeiddio hanes Cymru. Ac nid yw'n rhyfedd mai Owain Glyndŵr yw'r amlycaf yn yr oriel hon o arwyr, oherwydd ynddo ef, yn anad neb, y cafwyd y cynhwysion angenrheidiol at greu arwr cymwys ar gyfer Cymru Oes Victoria: dyma'r arweinydd milwrol dewr a rhamantus a apeliai at arwr-addoliaeth gyffredinol yr oes; y gwladweinydd doeth a ragflaenai fudiad Cymru Fydd yn ei awydd am sefydliadau cenedlaethol; amddiffynnydd y werin yn erbyn gormes.[128]

O gofio lle canolog Glyndŵr ymhlith arwyr y cyfnod, mae'n briodol mai'r ddrama amdano gan Beriah Gwynfe Evans, a fu'n fuddugol yn Eisteddfod Gadeiriol Eryri yn 1879, yw un o'r cerrig milltir pwysicaf ar ddechrau'r cyfnod hwn o greu oriel o arwyr cenedlaethol. Dyma'r 'Ddrama Hanesyddol gyntaf berfformiwyd yn Nghymru', yn ôl Beriah Gwynfe

Evans ei hun,[129] a gwnaeth gyfraniad pwysig yn ei dydd er poblogeiddio hanes Cymru. Dyma'r ddrama hefyd, yn anad yr un arall, sy'n cynrychioli'r naid yn hanes y ddrama Gymraeg o ddramodigau crefyddol y festri, a dramâu moesol y cwrdd dirwest, i ddramâu mwy sylweddol, 'seciwlar'.[130]

Mae drama Beriah yn dechrau â'r gwrthdaro dros dir rhwng Glyndŵr a'i gymydog, yr Arglwydd Grey o Ruthun, a arweinodd at ei ryfel annibyniaeth, ac mae'n gorffen ag Owain Glyndŵr ar ei wely angau ym Mhlas Monnington, swydd Henffordd, yn bendithio Owain Tudur ac yn proffwydo y byddai ŵyr iddo, sef Harri Tudur, yn cyflawni dyheadau'r Cymry trwy ddod yn frenin Lloegr. Rhwng y ddau begwn hyn, cyfres eithaf cyflym ac amrywiol o olygfeydd yw'r ddrama bum-act hon. Mae rhai o'r golygfeydd yn darlunio straeon a oedd wedi tyfu o gwmpas Owain Glyndŵr, megis ei ymweliadau â chastell Syr Lawrens Berclos yng Nghoety (lle y gwelir Glyndŵr yn canu gyda'r tannau gerdd o fawl i ferched Cymru) ac â'r eisteddfod ger Pen-rhys yng Nghwm Rhondda (gyda Dante, 'prif fardd Italy', yn bresennol ac yn cael ei gyflwyno i 'ddirgelion gor-ddyddorol hen Dderwyddiaeth'!). Darlunnir sawl brwydr ac ysgarmes, a gwelir penaethiaid y ddwy ochr yn trafod ac yn cynllwynio yn eu llysoedd a'u gwersylloedd, heb sôn am olygfeydd ysgafnach mewn ffair a thafarn, ac ambell olygfa garu. Un o lwyddiannau Beriah yw'r modd y ceidw gydbwysedd trwy gydol y ddrama rhwng y trwm a'r ysgafn; ond heblaw am hynny, ychydig o olion sydd yma o gynllunio ystyrlon ac o'r tyndra dramatig a ddaw yn sgil hynny. Yr eithriad pwysicaf, mae'n debyg, yw'r olygfa yng nghanol y ddrama lle y mae Abad Ystrad-fflur yn bendithio Glyndŵr, golygfa sydd yn cydio'n uniongyrchol â'r olygfa glo lle y gwelir Owain Glyndŵr yn ei dro, fel patriarch o'r Hen Destament, yn bendithio Owain Tudur.

Yr amrywiaeth hwn o olygfeydd (byrion at ei gilydd) yw un o nodweddion amlycaf y ddrama hon. Yn y cyfarwyddiadau ar ddechrau'r ddrama, dywedir am ei lleoliad: 'Cymru gan mwyaf. Weithiau Lloegr. Unwaith Ffraingc'; ac y mae bron pob un o'r ugain golygfa yn y ddrama mewn lle gwahanol. Nodwedd arall ar y ddrama yw lluosogrwydd ei chymeriadau. Rhestrir 43 o gymeriadau wrth eu henwau – 39 o ddynion a phedair merch – heb sôn am 'weision', 'milwyr', 'masnachwyr', 'merched Cymru', 'heraldiaid', ac yn y blaen. Rhaid fod y cyfan yn ben tost i gynhyrchwyr dibrofiad a phrin eu hadnoddau, ac nid yw'n syndod deall fod nifer o'r golygfeydd wedi eu gollwng, a thipyn o ddyblu ar gymeriadau gan yr actorion, yn y cynhyrchiad cyntaf o'r ddrama yn Llanberis yn 1880.[131]

Drama yn y mesur moel (*blank verse*) ydyw, sef llinellau diodl ac iddynt bum curiad. Mae ynddi hefyd dair cân ac un gerdd. Mae canu yn elfen sy'n mynd ar gynnydd yn nramâu diweddarach Beriah, ac fe awgrymwyd mai un rheswm dros gynnwys caneuon oedd eu bod yn gymorth i drechu rhagfarnau'r cyfnod yn erbyn dramâu, trwy wneud y perfformiad yn debycach i gyngerdd.[132]

'Mae'n rhaid addef', meddai John Gwilym Jones wrth drafod un o ddramâu diweddarach Beriah, 'fod ei synnwyr rhythmig yn ddigon effro. Ni cheir, o'i ddarllen, fod y mydr yn llethu dyn o gwbl ac mae'n medru llithro'r synnwyr o linell i linell yn ddigon celfydd. Mae ganddo hefyd, yn allanol, beth bynnag, ymchwydd rheithegol a chystrawen naturiol.'[133] Ac nid amhriodol fyddai cymhwyso'r sylwadau hynny i'r ddrama hon hefyd. Gellir ychwanegu y ceir ynddi sgwrsio digon bywiog; ac er bod ynddi ormod o rethreg Victoraidd, y mae ynddi hefyd sawl araith ddigon effeithiol, megis hon gan Owain Glyndŵr wrth iddo ymryson â'r Arglwydd Grey yn llys Harri IV:

> Fy Arglwydd frenin! a chwi arglwyddi oll!
> Mae'r gwir a'r anwir yn anerchiad Grey,
> Fel gwenith da yn gymysg gydâg us;
> A rhaid eu nithio'n llwyr cyn gellir cael
> Y llafur pur, – A cheisiaf finau'n fyr
> Eu dethol:– Gwir ddywedodd ddarfod i
> Gyfreithiol lys sicrhau imi fy hawl,
> Dan deg deyrnasiad Risiart, frenin da.
> Ond anwir noeth oedd d'weyd y gwyrwyd barn.
> Gwir ddarfod imi fygwth un o'i gwn,
> Ar agwedd dyn, er's 'chydig amser 'nol,
> Am geisio treisio merch i un o'm deiliaid.
> Pob ci a'm cyfarth, fe ga driniaeth ci;
> Pob dyn a'm parcha, parchaf finau ef.
> Dewised Reginald Grey pa un o'r ddau,
> A'i ci, a'i dyn anfona ataf fi,
> A phrofed felly p'run a'i ci a'i dyn
> Fydd yntau.
> Treftadaeth teulu, er's canrifoedd maith,
> Yw tir y Croesau, ddaliwyd genyf fi,
> A chan fy nhad, a'm taid, a'm teidiau gynt.
> A byth nis gellir, ond trwy drais ei dwyn
> Oddi arnaf.

Eto, gellir cymhwyso hyd yn oed i'r araith hon feirniadaeth gyffredinol John Gwilym Jones ar fesur moel Beriah, sef mai rhyddiaith ar fydr ydyw i raddau helaeth iawn, heb yr ynni a'r egni trosiadol a ddisgwylid mewn drama 'yn null Shakespeare'.[134]

Dyrchefid William Shakespeare i'r entrychion yn awyrgylch gwlatgar Lloegr Oes Victoria, ac ni bu heb ei edmygwyr yng Nghymru'r cyfnod. Er enghraifft, enillodd Pedr Mostyn wobr yn Eisteddfod Aberffraw yn 1849 am gyfieithu rhan o *Henry IV, Part One*, y ddrama sy'n cynnwys Glyndŵr yn un o'i chymeriadau; yn 1864, wedyn, enillodd David Griffith, yr argraffydd o Dreffynnon, wobr yn Eisteddfod Llandudno am gyfieithiad o *Hamlet*, y tro cyntaf (mae'n debyg) i ddrama gan Shakespeare gael ei throsi'n gyflawn i'r Gymraeg; ac yn yr un flwyddyn, 1864, cafwyd cyfieithiad o drydedd act *Julius Caesar* gan y Parch. Daniel Rowlands ar dudalennau'r *Traethodydd*.[135] Ymddengys fod Shakespeare yn gryn eilun gan nifer o ieuenctid ardal Llanberis yn yr 1870au, ac yn ôl y sôn, medrai rhai o chwarelwyr ifainc y cylch adrodd darnau helaeth o *Macbeth*, *A Midsummer Night's Dream* a *Julius Caesar* ar eu cof. A'r diddordeb hwnnw yn Shakespeare a arweiniodd at osod y gystadleuaeth am ddrama Gymraeg 'yn null Shakespeare', y bu Beriah Gwynfe Evans yn fuddugol ynddi yn Llanberis yn 1879 gyda'i ddrama am Glyndŵr.[136]

Fel y dywed John Gwilym Jones, y mae peth tebygrwydd arwynebol rhwng drama Beriah a rhai Shakespeare, megis ei hoffter o gymeriadau arwrol ac o rannu ei ddrama yn 'amryw byd o olygfeydd a rhai ohonynt yn fyr iawn'.[137] Ond afraid dweud fod Beriah Gwynfe Evans yn syrthio'n brin o safon Shakespeare! Rhyw fath o basiant hanesyddol yw drama 1879, mewn gwirionedd, yn cydymffurfio â chwaeth Oes Victoria ar gyfer melodrama, golygfeydd rhwysgfawr ac areithiau ymfflamychol. Perthyn y mae i fyd yr '*eclairs*' theatrig, chwedl Hywel Teifi Edwards, 'a fu'n dderbyniol iawn am flynyddoedd gan gynulleidfaoedd na chymerai orffennol eu gwlad o ddifrif'.[138] Mae ynddi ddigon o hufen, ond y mae'n brin o sylwedd, heb archwilio'r bersonoliaeth ddynol mewn unrhyw ddyfnder. Ys dywedodd E. G. Millward: 'Beriah's ... characters rarely rise above single-dimension Victorian stereotypes.'[139]

Ond er y gellir ei beirniadu ar sawl cyfrif, rhaid pwysleisio fod drama Beriah am Owain Glyndŵr yn agor pennod newydd yn hanes y ddrama Gymraeg. Fel y dywedodd Bobi Jones: 'Dichon mai dyma ddrama gyntaf y mudiad modern ym myd y ddrama, onid y ddrama go iawn gyntaf yn y Gymraeg.'[140] Codwyd nifer o gwmnïau drama yng ngogledd a de Cymru yn sgil ei chyhoeddi, ac er bod cryn wrthwynebiad mewn rhai cylchoedd i'w pherfformio, bu'n fodd i leddfu llawer o'r rhagfarnau yn erbyn drama a fodolai ymhlith crefyddwyr Cymru ar y pryd. Nid yw heb arwyddocâd, yn ddiau, mai 'tua 1884 y dechreuodd yr Eisteddfod Genedlaethol roddi lle i gyfansoddi dramâu ar ei rhaglen'.[141]

Yr arwr hanesyddol nesaf i fod yn destun drama gan Beriah Gwynfe Evans oedd y Llyw Olaf. Lluniwyd y ddrama *Llewelyn Ein Llyw Olaf* ar gyfer 600 mlwyddiant marw Llywelyn yn 1882. Fe'i cyhoeddwyd yn rhannau yng nghylchgrawn Beriah, *Cyfaill yr Aelwyd*, rhwng Hydref 1882 a Chwefror 1883, ac yna'n llyfryn yn 1883. Bu'n ddrama boblogaidd iawn yn ystod yr ugain mlynedd ar ôl ei chyhoeddi, yn enwedig yn neheudir Cymru.[142] 'Melodrama o'r iawn ryw' ydyw, yn ôl Hywel Teifi Edwards, lle y gosodwyd Llywelyn 'mewn cyd-destun sy'n peri meddwl amdano fel "Chocolate Soldier" cyntaf Cymru'.[143] Brad a serch yw hoff themâu Beriah Gwynfe Evans, ac y maent yn ddigon amlwg yn y ddrama hon.[144] Cyfres o ddeuddeg golygfa fer mewn tair act yw'r ddrama. Mae'n fyrrach o dipyn na'r un am Glyndŵr, ac wedi ei chynllunio'n fwy pwrpasol, ac y mae ynddi o'r herwydd fwy o dyndra dramatig. Mae'n fwy ymarferol hefyd o safbwynt ei chynhyrchu, o ran nifer y cymeriadau a natur y golygfeydd. Nid oes dim brwydrau ar y llwyfan, fel yn achos y ddrama am Glyndŵr, ac y mae ynddi fwy o olygfeydd caru. Mae mwy o ganu ynddi hefyd. Er y ceir ambell araith yn y mesur moel, yn wahanol i'r ddrama am Glyndŵr, rhyddiaith yw prif gyfrwng y ddrama hon;[145] ac fe geir hefyd dair gwaith cymaint o ganeuon ynddi ag a oedd yn y ddrama flaenorol, y rhan fwyaf ohonynt yn clystyru yng ngolygfa olaf pob act. Yn wir, 'drama-gantata' yw'r enw a rydd Beriah arni, a chomisiynwyd Alaw Ddu (golygydd cerdd *Cyfaill yr Aelwyd*) a Dewi Myrnach i gyfansoddi cerddoriaeth bwrpasol ar ei chyfer.[146]

Mae canu yn elfen amlwg yn y drydedd ddrama a luniodd Beriah Gwynfe Evans i arwr hanesyddol, drama a gyhoeddwyd yn 1904. Y tro hwn aeth Beriah yn ôl am arwr i gyfnod y goresgyniad Rhufeinig ac at y brenin Brythonaidd, Caradog (*Caratacus*), un a gludwyd (ynghyd â'i deulu) yn garcharor i Rufain yn OC 51,[147] ac un a ystyrid gan y Cymry 'fel y cynharaf o'u harwyr'.[148] Roedd y ddrama hon am Garadog i fod y gyntaf o gorff o ddramâu am arwyr y gorffennol y bwriadai Beriah Gwynfe Evans eu llunio, gyda'r nod o ddramateiddio holl hanes Cymru o gyfnod y Rhufeiniaid hyd at Harri Tudur trwy gyfrwng ei harwyr. Paratowyd fersiwn Saesneg o'r ddrama yn ogystal, fersiwn a berfformiwyd am y tro cyntaf yn Ionawr 1904 gan Ysgol Sir Abergele o flaen cynulleidfa hynod frwdfrydig.[149] Mae'n amlwg iddi gael effaith fawr ar y disgyblion, oherwydd dywedodd prifathro'r ysgol yn sgil y perfformiad: 'Not only is the pupils' interest in past history of Wales increased, but the general standard of intelligence throughout the school has been appreciably raised'![150]

Mae saith golygfa i'r ddrama am Garadog. Fel yn achos y ddrama am Lywelyn, cynlluniwyd hon yn well na'r un am Glyndŵr;[151] ond yn debyg i'r ddrama am Glyndŵr, y mesur moel yw'r cyfrwng drwyddi draw, ac eithrio'r caneuon. Mae llawer o'r rhain yn glwstwr yn y bumed olygfa, sy'n darlunio seremoni aberthu merch i'r duwiau, gyda derwyddon a derwyddesau Brythonaidd yn dawnsio ac yn canu o gwmpas cylch gorseddol.¹⁵² Mae brad a serch yn elfennau amlwg yn y ddrama hon eto. Thema amlwg arall sy'n rhedeg trwyddi yw'r rheidrwydd am undod ymhlith y llwythau Brythonaidd os ydynt am drechu'r gelyn Rhufeinig. Fe'i ceir, er enghraifft, yn yr ail olygfa, sydd yn sgwrs rhwng Caradog a Venutius, brenin llwyth y Brigantes – sgwrs sydd yn llawn eironi am mai gwraig Venutius yw'r un sy'n bradychu Caradog i'r Rhufeiniaid maes o law:

CARADOG: O na chawn fraich Caswallon, a doethineb Lludd,
     A llwyddiant Brutus! Eisieu'r oll y sydd
     I ddal ein tir yn erbyn Rhufain falch
     Sy'n tywallt milwyr ar ein traeth fel gwna
     Y môr ei donnau yn ddiatal.

VENUTIUS: Ond creigiau Prydain daflant donnau'r môr
     Yn ewyn gwyn diniwed 'nol i'w gol!

CARADOG: Iê'r graig sefydlog, gref. Beth am y traeth
     Tywodlyd heb un rhwymyn undeb?

VENUTIUS: Gwir. Ond er holl nerth a chyfoeth Rhufain falch,
     Caradog lwyddai i ryddhau ei wlad
     O bob rhyw droed estronol pe y cai
     Holl Brydain yn gytun a ffyddlon.

CARADOG: Fel 'rwyt ti, fy nghyfaill da, a'm brawd!
     O dduwiau doeth! Dywedwch hyn imi,
     Pa felldith roddwyd gennych ar fy ngwlad?
     Paham na all Prydeinwyr beunydd fod
     Yn ffyddlon idd eu gilydd? . . .

Nid oes angen llawer o ddychymyg i weld yma neges daer gan Beriah i Gymry ei ddydd, yn enwedig o gofio'r chwalu a ddaeth i ran mudiad Cymru Fydd erbyn 1900 oherwydd ymraniadau mewnol. Ac yn sicr y darlleniad amlwg ar y ddrama hon yw bod y Brythoniaid yn cynrychioli'r Cymry, a'r Rhufeiniaid yn cynrychioli Lloegr a'r Ymerodraeth Brydeinig. Ond nid yw mor syml â hynny.

Ni fedrai Beriah ddefnyddio'r term 'Cymry' yn y ddrama, am ei bod wedi ei lleoli mewn cyfnod rhy gynnar yn ein hanes; ond y mae'r ffaith iddo ddefnyddio ynddi derm megis 'Prydeinwyr' yn hytrach na 'Brythoniaid' neu 'Brytaniaid' yn peri cryn amwysedd drwyddi draw, oherwydd droeon yng nghwrs y ddrama y mae termau megis 'Prydain' a 'Prydeiniwr' yn adleisio'r defnydd disgwyliedig ohonynt gan ddeiliad ffyddlon o'r Ymerodraeth Brydeinig yn niwedd y bedwaredd ganrif ar bymtheg. Er enghraifft, pan yw penaethiaid y Brythoniaid yn canu, 'Prydeinwyr nid ant byth yn gaeth i neb', anodd peidio â meddwl am *Rule Britannia*.[153] Ac anodd yw curo amwysedd y weledigaeth a gafodd Caradog yng Ngolygfa VI y ddrama hon:

> A gwelaf drwy y grisial hwn y dydd
> Dyfodol dedwydd gwych pan Brydain fydd
> Yn Brydain Fawr, Unedig, Deyrngar, ac
> Am hyn yn Brydain Rydd, fuddugol!

Mae hyn oll yn adlewyrchu'r teyrngarwch deublyg a welwn yn Beriah Gwynfe Evans, fel yn y rhan fwyaf o Gymry gwlatgar ei ddydd; oherwydd yr oedd Beriah y Cymro brwd hefyd yn frwd dros yr Ymerodraeth Brydeinig.[154] Ac fe welir y ddwy elfen hyn yn glir iawn yn ei ddrama *Glyndwr: Tywysog Cymru*, y ddrama a luniodd ar gyfer dathliadau Arwisgo Tywysog Cymru yng Nghaernarfon yn 1911.

Pasiant Caernarfon a Choron Prydain

Fel y mae drama Beriah Gwynfe Evans, *Chwareu-gan: (Drama) (yn null Shakespeare,) ar 'Owain Glyndwr'* (1880), yn agor pennod newydd 'basiantaidd' yn hanes y ddrama Gymraeg, ar ddechrau cyfnod o adfywiad cenedlaethol ac o greu oriel o arwyr Cymreig, felly y mae ei ddrama, *Glyndwr: Tywysog Cymru* – drama gomisiwn Arwisgo Tywysog Cymru yng Ngorffennaf 1911 – yn sefyll yn uchafbwynt ac yn ddiweddglo i'r bennod 'basiantaidd' honno.

'Pwyllgor y Difyrion er dathlu Urddiad Tywysog Cymru yng Nghaernarfon' a bennodd y testun wrth estyn y gwahoddiad i Beriah lunio drama ar gyfer yr achlysur.[155] O gymharu drama 1911 ag un 1880, gwelir fod nifer o olygfeydd yn gyffredin i'r ddwy. Mae'r ddwy yn agor, er enghraifft, â golygfa yn darlunio gwrthdaro rhwng milwyr Owain Glyndŵr a rhai Reginald Grey ar dir y Croesau, a honno'n cael ei dilyn yn syth gan olygfa yn San Steffan lle y mae Glyndŵr a Grey o flaen Harri IV yn dadlau eu hawl i'r tir hwnnw. Nodwedd arall sy'n gyffredin i'r ddwy ddrama yw'r nifer helaeth o gymeriadau sydd ynddynt – 36 yn cael eu henwi yn nrama 1911, o gymharu â 43 yn 1880, heb sôn am gymeriadau dienw megis 'milwyr', 'gweision', 'mynachod', ac yn y blaen. Gellir dweud hefyd am y ddwy, fel am ddramâu eraill Beriah o ran hynny, '[nad] oes dyfnder i'r cymeriadau, maent yn disgyn i un o ddau gategori – drwg neu dda', heb unrhyw ymgais i'w datblygu; ac yn achos y ddwy ddrama hyn am Glyndŵr, y Saeson sy'n ddrwg a'r Cymry yn dda![156]

Wedi dweud hynny, y mae hefyd lawer o wahaniaethau arwyddocaol rhwng y ddwy. Yn un peth, fel sy'n gweddu i ddrama a luniwyd ar gyfer yr Arwisgo, drama yn gorffen â choroni Glyndŵr yn Dywysog Cymru yw un 1911, lle y mae drama 1880 yn dilyn ei hanes ymlaen hyd at ei farwolaeth. Drama o ugain golygfa dros bum act oedd un 1880, a'i strwythur braidd yn grwydrol. Mae drama 1911 yn fyrrach ac yn fwy disgybledig ei chynllun. Mae ynddi dair act o bedair golygfa yr un, a thema wedi ei nodi ar gyfer pob act: 'I. Gormes. II. Gwrthryfel. III. Rhyddid.' Hefyd, y mae lle tipyn amlycach ynddi i'r bardd Iolo Goch nag a oedd yn nrama 1880, a hynny'n gymorth pellach at greu unoliaeth. Mae rhai o'r golygfeydd 'ysgafnach', megis ymweliadau Owain Glyndŵr â chastell Syr Lawrens Berclos yng Nghoety ac â'r eisteddfod ger Pen-rhys yng Nghwm Rhondda, wedi diflannu erbyn drama 1911. Tybed ai hepgor yr ymweliadau hyn â'r De a barodd i Beriah droi Huwcyn yr amaethwr yng ngolygfa'r dafarn yn nrama 1880, yn gymeriad deheuol – y llafurwr amaethyddol, 'Huwco'r Hwntw' – erbyn drama 1911? Yn nrama 1911, daw ef i'r tŷ tafarn yng nghwmni llafurwr amaethyddol arall, 'Rhisiart o Leyn', a'r ddau yn siarad yn gyfochrog ar y dechrau, yn null 'Fo a Fe':

> HUWCO. – O diwedd anwl! Mae'n bôth ymbeidus!
> RHISIART. – Ydy'n tad! Mi 'rydw i'n rhostio.
> HUWCO (*yn galw Sioned* . . .). – Dere yma, 'merch bert i!
> RHISIART (*wrth Madlen*). – Tyd yma, 'ngeneth ddel i![157]

Ond nid yw hepgor rhai o'r golygfeydd 'ysgafnach', na gollwng rhai o'r golygfeydd milwrol, yn golygu fod drama 1911 yn fwy sylweddol nag un 1880. I'r gwrthwyneb, mewn gwirionedd. Yn un peth, y mae arddull drama 1911 yn dipyn ysgafnach am mai rhyddiaith yw'r cyfrwng, yn hytrach na mesur moel drama 1880. Ceir tipyn mwy o ymgom mewn tafodiaith ynddi hefyd nag yn nrama 1880.[158] At hynny, y mae llawer iawn mwy o ganu yn nrama 1911. Tair cân a gafwyd yn nrama 1880, ynghyd ag adrodd cerdd ar y diwedd,[159] o gymharu â 23 yn nrama 1911.[160]

Yn y 'Gair at y Cyhoedd' ar ddechrau *Glyndwr: Tywysog Cymru*, mae Beriah Gwynfe Evans yn amddiffyn natur drama 1911. Nid cyfansoddi gwaith llenyddol cain i'w astudio yn y fyfyrgell oedd ei fwriad, meddai, nac ychwaith lunio drama i'w pherfformio mewn theatr bwrpasol gan gwmni proffesiynol o actorion, ond yn hytrach un y gellid ei pherfformio, 'gydag ychydig o ofal a dysgyblaeth', gan gwmni drama amatur lleol,[161] a'i chwarae hefyd 'yn yr awyr agored fel yng Nghastell Caernarfon, neu mewn adeilad enfawr fel y Pavilion [h.y. Pafiliwn Caernarfon], lle ni all y llais dynol gario ymhell ac yn effeithiol mewn ymgom gyffredin'. Roedd amgylchiadau o'r fath yn anaddas ar gyfer 'ymson faith, anerchiad hir, neu ymddiddan rhesymegol'. Cyfleu'r cyfan yn effeithiol i lygad a chlust y gynulleidfa oedd y nod a osododd iddo'i hun, meddai, a chreu drama a fyddai'n 'glywadwy ac yn chwareuadwy'.[162]

'The first soap-opera for royals' yw disgrifiad cofiadwy M. Wynn Thomas o'r ddrama hon, a hynny am y bu'n rhaid ei pherfformio dros ddeuddydd yn ystod dathliadau'r Arwisgo yng Nghaernarfon.[163] Bu W. J. Gruffydd yn llawdrwm iawn arni, o ran ei chywirdeb hanesyddol, ei chymeriadu bas a'i hieithwedd ddiurddas, mewn adolygiad di-flewyn-ar-dafod yng nghylchgrawn John Morris-Jones, *Y Beirniad*, yn 1911. 'Ni ellir ei galw yn ddrama', meddai, 'ond gyda'r diofalwch mwyaf mewn geiriau. Rhywbeth rhwng *operetta* a phasiant ydyw.'¹⁶⁴ Adolygiad Gruffydd oedd yr hoelen fawr yn arch y ddrama hanesyddol, arwrol, rethregol; o hynny allan dramâu am bobl gyffredin, yn eu hamgylchiadau bob dydd ac yn siarad iaith bob dydd – y 'dramâu cegin' fel y'u gelwir – biau'r llwyfan. A'r cymeriadau canolog bellach yw gwŷr ifainc a chanddynt ddelfrydau uchel, sy'n herio rhagrith y gymdeithas Ymneilltuol o'u cwmpas, yn hytrach nag arwyr canoloesol.¹⁶⁵

Mae sbloet Caernarfon yn 1911 yn ddiwedd cyfnod yn hanes y ddrama Gymraeg, ond mae'n arwyddo diwedd cyfnod mewn ffordd ehangach hefyd. Fel yr awgrymwyd wrth drafod ei ddrama *Caradog* (1904), fe lwyddodd Beriah Gwynfe Evans, fel nifer helaeth o Gymry ei ddydd, i gyfuno gwladgarwch Cymreig ac imperialaeth Brydeinig mewn modd sy'n ddirgelwch i genedlaetholwyr Cymreig ein dyddiau ni. Gwelir y ddwy wedd hyn yn glir yn nrama'r Arwisgo. Ar y naill law, fel y byddid yn ei ddisgwyl mewn drama am Owain Glyndŵr, mae drama 1911 yn wlatgar Gymreig ac yn ddigon gwrth-Seisnig. Meddai Glyndŵr mewn un man: 'Ni wedais i erioed ac ni wadaf byth fy ngwlad, fy iaith, na'm cenedl. Yn Gymro y'm ganed i, ac yn Gymro y'm cleddir . . .' Meddai Abad Ystrad-fflur, wedyn: 'Trwy ormes Caergaint, er mwyn boddio rhaib aniwall, gwthir Saeson uniaith uchelffroen i bob bywoliaeth fras yng Nghymru gan ddifeddiannu'n pobl ni ein hunain, sydd ffyddlon i'w gwlad, i'w hiaith, i'w cenedl, ac i'w Hen Eglwys gyntefig'; ac meddai Iolo Goch wrth frenin Lloegr: 'Fy Arglwydd Frenin, i Iolo Goch, fel i bob Cymro arall a deilynga gael ei alw'n Gymro, blaenora hawl Hen Wlad ei Dadau ar hawl pob gwlad arall.'¹⁶⁶ Sut mae cysoni gosodiadau o'r fath â'r ffaith fod y ddrama wedi ei llunio i'w pherfformio o flaen teulu brenhinol Lloegr ar achlysur a oedd yn coffáu trechu'r Cymry adeg cwymp Llywelyn y Llyw Olaf? Nid oedd yn broblem i Beriah, y mae'n amlwg, a barnu wrth yr 'Introductory Note' ar ddechrau'r fersiwn argraffedig o'r ddrama, a'i ddefnydd eironig o'r gair *'nation'*:

> It is only within recent years that anything approaching justice has been done to the history of Wales as a separate national entity – and the formal official recognition by Royalty of that national entity on the occasion of the present Investiture has been welcomed by the Welsh People the world over . . . The Local Committee . . . are to be congratulated on having selected not only as the subject of the Play the Man who of all others still fires the imagination as the popular Hero of Wales, but also a Period which, in a peculiar sense, distinguishes between the new and the old mutual relationship of England and Wales. Henry IV. may be taken as representing the older policy of repression and of oppression which drove the whole nation into irreconcilable hostility . . . Henry V., in adopting the more statesmanlike policy of generous recognition (which is suggested in the Play), made it possible for those who had followed Glyndŵr into open rebellion to follow in turn the Victor of Agincourt [h.y. Harri V], and to play no inconsiderable part in winning that notable and historic triumph. From that day to this Welshmen have figured prominently in the history of the British Nation . . .[167]

Nid yw'r cyfuniad hwn o wladgarwch Cymreig a theyrngarwch Prydeinig yn unigryw i Beriah Gwynfe Evans, o bell ffordd, yn y cyfnod dan sylw. Er enghraifft, o droi at gylchgrawn J. Hugh Edwards, *Wales: A National Magazine*, ac yn benodol at drydydd rhifyn y cylchgrawn hwnnw – y 'Grand Investiture

Sêl Fawr Owain Glyndŵr. Sêl gron tua 9 cm ar draws a 1.25 cm o drwch, a ddefnyddid i awdurdodi dogfennau pwysig, megis cytundeb Owain Glyndŵr â brenin Siarl VI o Ffrainc. Ar yr ochr flaen ceir llun o'r tywysog ar ei orsedd, ac ar y cefn fe'i darlunnir fel marchog ar faes y gad. Dyma'r unig luniau cyfoes o Glyndŵr sydd wedi goroesi. Mae'r arysgrif Lladin yn darllen 'Owenus dei gracia princeps Walliae' ('Owain, trwy ras Duw, Tywysog Cymru').

Darn efydd yn cynnwys arfbais Owain Glyndŵr, a oedd o bosibl yn rhan o harnais neu wregys yn wreiddiol. Daethpwyd o hyd iddo yn 1923 yng Nghastell Harlech, y castell olaf i Glyndŵr ei ddal. Dengys bedwar llew ar eu sefyll (*rampant*), sef arfbais disgynyddion tywysogion Gwynedd, a fabwysiadwyd gan Owain Glyndŵr ar ôl ei gyhoeddi'n Dywysog Cymru. Cyn hynny, ymddengys mai arfbais llinach tywysogion Powys Fadog, sef un llew ar ei sefyll, oedd y ddyfais a ddefnyddid ganddo.

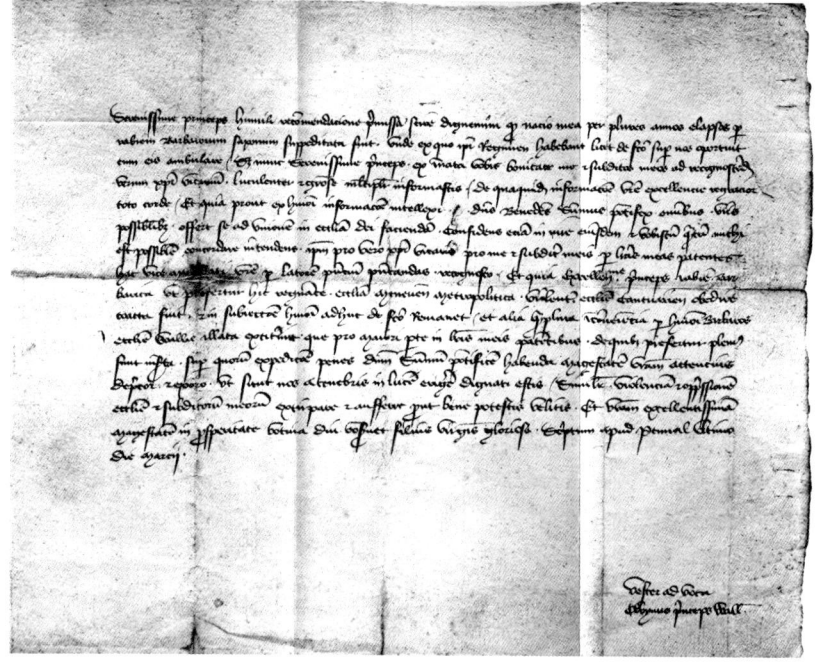

Darn rhagarweiniol y llythyr enwog a anfonodd Owain Glyndŵr o Bennal, ger Machynlleth, ddiwedd Mawrth 1406, at frenin Siarl VI o Ffrainc. Yn y llythyr dywed Owain ei fod yn cydnabod y Pab Benedict XIII o Avignon yn wir Bab, a gofyn i Siarl VI gyflwyno nifer o ddeisyfiadau i'r Pab ar ei ran. Ymhlith pethau eraill, gofynnir am annibyniaeth ar Loegr i'r eglwys yng Nghymru, am benodi yng Nghymru glerigwyr a fedrai'r Gymraeg, ac am sefydlu dwy brifysgol yng Nghymru, un yn y Gogledd ac un yn y De. Yn ôl Rees Davies mae'n 'llythyr graenus yn ôl safonau llenyddol gorau'r cyfnod ac mewn Lladin soniarus, teilwng o dywysog'.

Llun o'r adeilad ar safle honedig Senedd-dy Owain Glyndŵr yn Heol Maengwyn, Machynlleth, fel yr oedd yn y bedwaredd ganrif ar bymtheg, cyn yr adnewyddu mawr a fu arno ar ddechrau'r ugeinfed ganrif.

Engrafiad o Owain Glyndŵr ar ei orsedd, yn seiliedig ar y portread ohono ar flaen ei sêl fawr. Meddai Ceridwen Lloyd-Morgan amdano: '[Dyma] yr unig lun o Owain y gwn amdano a atgynhyrchid yn ystod y bedwaredd ganrif ar bymtheg . . . Mae'r engrafiad yn perthyn, yn ôl pob golwg, i ddegawdau olaf y ganrif, a'i arddull Fictorianaidd, ffug-ganoloesol yn ymylu ar barodi' (*Taliesin*, Gaeaf 2000).

Owain, tydi yw'n dyhead, – Owain,
　　Ti piau'n harddeliad,
　　Piau'r her yn ein parhad
　　A ffrewyll ein deffroad.

Englyn o waith Dafydd Wyn Jones a osodwyd o dan y Gofeb i Owain Glyndŵr a gerfluniwyd o lechen o chwarel y Penrhyn gan Ieuan Rees, ac a ddadorchuddiwyd ym Machynlleth, 16 Medi 2000.

Y cerflun o Owain Glyndŵr yn Neuadd y Ddinas, Caerdydd a ddadorchuddiwyd yno yn Hydref 1916. Daeth Glyndŵr i'r brig yn y gystadleuaeth ar gyfer y deg person o hanes Cymru cyn Oes Victoria y byddai'r cyhoedd am weld cerfluniau ohonynt yn oriel y Neuadd. Cerflunydd o Lundain, Alfred Turner (1874–1940), a ddewiswyd i baratoi'r cerflun.

❀ Clawr cerdd Jon Dressel a T. James Jones, *Wyneb yn Wyneb: Face to Face* (1997), a luniwyd i ddathlu llwyddiant refferendwm datganoli 1997. Arno gwelir cerflun Owain Glyndŵr yn Neuadd y Ddinas, Caerdydd, yn wynebu Robert E. Lee, prif arwr milwrol Taleithiau'r De yn Rhyfel Cartref America.

❀ Clawr rhifyn Gaeaf 2000 o'r cylchgrawn *Taliesin*, a neilltuwyd yn arbennig ar gyfer dathlu dechrau rhyfel annibyniaeth Glyndŵr. Ar y clawr gosododd y dylunydd, Keith James, y ddelwedd o Owain Glyndŵr sydd ar glawr cyfrol J. D. Griffith Davies, *Owen Glyn Dŵr* (1934), ar gefndir darn o Lythyr Pennal (1406).

❀ Clawr trydydd argraffiad llyfr L. J. Roberts, *Owen Glyndwr* (1915). Roedd L. J. Roberts (1866–1931) yn ddarlithydd hanes ac yn olygydd cerdd cylchgronau O. M. Edwards.

Cerflun efydd o Owain Glyndŵr gan Dave Haynes ym mynwent Eglwys Pennal, ger Machynlleth. Fe'i dadorchuddiwyd 4 Medi 2004.

Owain Glyndŵr ar gefn ei farch yn arwain ei filwyr i'r gad. Yr artist a'r dylunydd llyfrau, A. C. Michael, a wnaeth y llun dyfrlliw gwreiddiol. Fe'i cyhoeddwyd yn y gyfrol *Gwlad Fy Nhadau: Rhodd Cymru i'w Byddin* (1915), a olygwyd gan John Morris-Jones ar gais 'Cronfa Genedlaethol y Milwr Cymreig'. Dywed y golygydd fod yr 'holl ddarluniau a geir yn y llyfr yn waith arlunwyr Cymreig byw'.

Clawr ac wynebddarlun *Glyndwr: Tywysog Cymru*, y ddrama a luniodd Beriah Gwynfe Evans ar gyfer dathliadau Arwisgo Tywysog Cymru yng Nghaernarfon, Gorffennaf 1911. Dyluniwyd y clawr a'r wynebddarlun gan S. Maurice Jones (1853–1932), un a wnaeth lawer o waith dylunio ar gyfer cylchgronau a llyfrau O. M. Edwards. Er bod y geiriad arnynt yn uniaith Saesneg, Cymraeg oedd iaith y ddrama ei hun.

Cwmni Drama Salem, capel y Methodistiaid Calfinaidd ym Mhwllheli, yn actio'r ddrama *Owain Glyndwr* gan y gweinidog Bedyddiedig, Pedr Hir (Peter Williams, 1847–1922), yn 1912. Daw'r llun o gyfrol Hywel Teifi Edwards, *Codi'r Llen* (Gwasg Gomer, 1998).

Llun o Arglwydd Tredegyr (Godfrey Charles Morgan, 1831–1913), un o arwyr y 'Light Brigade' ym mrwydr Balaclafa yn y Crimea yn 1854, yn chwarae rhan Owain Glyndŵr yn y Pasiant Cenedlaethol a lwyfannwyd yng Ngerddi Sophia yng Nghaerdydd yn 1909. Daw'r llun o gyfrol Hywel Teifi Edwards, *Codi'r Hen Wlad yn ei Hôl* (Gwasg Gomer, 1989).

Detholiad o daflenni a gynhyrchwyd yn 2000 i gyd-fynd â dathliadau i nodi 600 mlwyddiant dechrau rhyfel annibyniaeth Owain Glyndŵr.

Number' – yng Ngorffennaf 1911, gwelir yr un cyfuniad yn union ag a geir yng ngwaith Beriah.[168] Eironig i ni, er enghraifft, yw gweld erthyglau yn clodfori campau Llywelyn y Llyw Olaf ac Owain Glyndŵr ymhlith eitemau cyntaf rhifyn sy'n dathlu arwisgo mab brenin Lloegr yn Dywysog Cymru. Crynhoir awyrgylch y rhifyn yng ngherdd agoriadol Elfed, 'Ode: The Prince of Wales's Investiture'. Pwysleisir croeso'r Cymry i'w Tywysog newydd a'i gysylltiadau Cymreig diledryw. 'True branch of Tudor's root' ydyw, ac o bob rhan o 'Walia', 'a tide of song fills heaven's ample dome' wrth groesawu un o ddisgynyddion Tuduriaid Penmynydd. Heddwch sy'n teyrnasu, bellach, rhwng Cymru a Lloegr, a cholegau Prifysgol Cymru wedi gwireddu hen weledigaeth Glyndŵr am sefydliadau prifysgol cenedlaethol:

> If torrents, once, of blood
> Turned Menai's ebb to flood,
> Arvon's swift streams to-day with laughter run;
> The old Druidic Isle,
> As with a tear-lit smile,
> Home to Penmynydd calls her royal son ...
>
> Hushed are the sounds of strife,
> In strains of richer life; –
> Wales greets her Prince, crowned with her new-born hopes:
> Bare stand her rampart-walls,
> But thronged her college halls, –
> Young dreams, old visions meet on sunward slopes.

Yn y penillion sy'n dilyn, pwysleisir y gobaith newydd a oedd wedi meddiannu pawb o bob oed wrth groesawu eu Tywysog, a chloir y cyfan â phennill sy'n gofyn bendith Duw arno ef a'i dad, Sior V:

God save our gracious King! –
With voice and heart we sing;
And with the son, the father's God abide!
So guarded, may these twain
Rule to their people's gain –
A gracious throne and just, the Empire's pride.[169]

'Mae'r dydd yn dod, a gwelaf ef yn gwawrio draw, ca'r Sais a'r Cymro drigo yn gytun mewn hedd a chydgord llawn, heb drais, na brad, na llid, – a'r ddau yn ceisio lles a llwydd ei wlad', meddai Glyndŵr yn yr araith sy'n cloi drama Beriah ar gyfer Arwisgo 1911.[170] Yr olygfa sy'n allwedd i'r weledigaeth honno, a'r olygfa bwysicaf yn nrama 1911 ar lawer ystyr, yw'r un ar ddechrau'r ail act, lle y gwelir Abad Ystrad-fflur yn darllen i'r penaethiaid Cymreig broffwydoliaeth yr oedd newydd ddod o hyd iddi, sef 'Proffwydoliaeth Myrddin'. Dyma damaid ohoni:

> Ac yn y dyddiau hynny y cyfyd Prydeiniwr, o linach Arthur. Efe [sef Owain Glyndŵr] a fydd Fab y Darogan, ac a wisg awdurdod a nerth Arthur . . . Ac ynddo ef yr adunir yr holl Brydeiniaid . . . Efe a wna gyfamod a holl blant Brutus . . . Ac ar ei ol yntau y daw eto arall o linach Arthur, ac a eistedd ar orsedd Lloegr yn Llunden, ac a deyrnasa dros Brydain a'r Werddon. A'r byd a'i cydnebydd ef yn ben Teyrn.

Darparodd Beriah grynodeb Saesneg o'r ddrama ar ddechrau'r fersiwn printiedig (ar gyfer y teulu brenhinol a phendefigion Lloegr?), a dyma'r darn o'r crynodeb sy'n cynnig eglurhad ar arwyddocâd y broffwydoliaeth honno:

> The Abbot of Strata Florida creates a sensation by producing a Manuscript recently discovered in the Archives of the Abbey, and containing Merlin's

Prophecy that a lineal descendant of King Arthur would in the fulness of time appear to re-unite the Celtic race, and secure the freedom of Wales; that he in turn would be followed later by yet another of Arthur's descendants who would sit on the British Throne, and be acknowledged by every nation as the Greatest Monarch in the world – an evident allusion in the first instance to the Tudor dynasty, and a somewhat veiled reference to the present King's (George V.) Coronation.[171]

Allwedd gyda'r bwysicaf, felly, er deall ymlyniad cyfochrog Cymry'r cyfnod wrth wladgarwch Cymreig ac imperialaeth Brydeinig yw sylweddoli dyfned gafael yr hen broffwydoliaethau, a drafodwyd gennym yn gynharach, ynghylch y Cymry yn adfeddiannu coron Ynys Prydain, a'r hen ddeuoliaeth rhwng bod yn '*British*' ac yn '*Ancient British*' a oedd ynghlwm wrth hynny.

Er nad yw ansawdd llenyddol gwaith Beriah Gwynfe Evans yn beth i glochdar yn ei gylch, gwnaeth gyfraniad pwysig i'r gwaith o hyrwyddo Owain Glyndŵr fel eicon cenedlaethol ac o greu oriel o arwyr cenedlaethol i'r Cymry; bu'n ffigur allweddol hefyd yn natblygiad y ddrama Gymraeg. Dyma un, yn ddi-os, y bu cyfanswm ei waith yn bwysicach na'r rhannau. Ond yr oedd y byd yn newid, ac agweddau'r Cymry hwythau at frenhiniaeth ac ymerodraeth yn newid yn araf bach. Ar un wedd, gallwn weld yn Beriah Gwynfe Evans ymgorfforiad o'r newidiadau hyn, o gofio iddo droi cefn ar Ryddfrydiaeth ar ôl y Rhyfel Byd Cyntaf a bwrw ei goelbren gyda'r Blaid Lafur, ac yna gyda'r Blaid Cymru newydd-anedig. Ac fe ddichon, yn wir, mai ym mhasiant Caernarfon yn 1911 y cafwyd y canu Cymraeg o ddifrif olaf i goron Prydain.[172]

'A lle bo gobaith, 'bydd ef byth yn bell'

Os yw'r sylw dramatig i Owain Glyndŵr yn cyrraedd uchafbwynt yn 1911, gellir dadlau mai ymhen pum mlynedd wedyn, yn 1916, y gwelwn y broses o'i ddyrchafu'n eicon cenedl, a'r broses o greu pantheon o arwyr cenedlaethol, yn cyrraedd eu penllanw. Pan agorwyd Neuadd y Ddinas ym Mharc Cathays yng Nghaerdydd yn 1906, gadawyd mannau gwag gerllaw y prif risiau ar gyfer deg o gerfluniau. Yn 1913, cynigiodd y gwleidydd a'r perchennog glofeydd, D. A. Thomas (Is-Iarll Rhondda yn ddiweddarach) dalu'r gost o osod yn y mannau gwag hynny gerfluniau o ddeg o bobl amlycaf hanes Cymru cyn Oes Victoria. Penodwyd panel o dri i ddewis y deg, sef yr Athro Thomas Powel (Athro'r Gymraeg yng Ngholeg y Brifysgol yng Nghaerdydd), a'r ddau fargyfreithiwr, Syr Thomas Marchant Williams (golygydd y cylchgrawn *The Nationalist*, ac archelyn Syr John Morris-Jones) ac W. Llewelyn Williams (yr Aelod Seneddol ac awdur y gyfrol boblogaidd, *Gwilym a Benni Bach*). Yn ychwanegol, gwahoddwyd awgrymiadau gan y cyhoedd, a chynnig gwobr o £20 i'r rhestr a fyddai agosaf at ddewis terfynol y beirniaid. Owain Glyndŵr oedd ar ben rhestr enwebiadau'r cyhoedd,[173] ac fe'i dilynwyd gan Hywel Dda, Dewi Sant, William Morgan, Llywelyn Fawr, Dafydd ap Gwilym, Williams Pantycelyn, Llywelyn y Llyw Olaf, Griffith Jones (Llanddowror) a Gerallt

Gymro, yn y drefn honno.[174] Amcangyfrifir i'r cerfluniau gostio dros £10,000 i Is-Iarll Rhondda. Dadorchuddiwyd yr oriel gan David Lloyd George ar 27 Hydref 1916, ynghanol y Rhyfel Byd Cyntaf, ac y maent yno hyd heddiw, yn cyfrannu at y 'naws Prifddinas cenedl' sydd i'r Neuadd.

Daw'r ymadrodd 'naws Prifddinas cenedl' o ddisgrifiad Owain Glyndŵr o'r Neuadd yng ngherdd Jon Dressel a T. James Jones, *Wyneb yn Wyneb: Face to Face* (1997). Yn y gerdd Gymraeg/Saesneg gyfochrog hon, neilltuir y chweched caniad i drafod y cerflun o Owain Glyndŵr yn Neuadd y Ddinas. Glyndŵr sy'n siarad yn y caniad, a hynny ar ddiwrnod y refferendwm datganoli ym Medi 1997, ond cyn gwybod canlyniad y bleidlais. Dyma ran ohono:

> . . . Mae i mi gerflun yn Neuadd y Ddinas yng Nghaerdydd.
> Safaf yno'n ddifrifol fel tywysog cyfreithlon,
> fy neheulaw'n gorffwys ar garn fy nghleddyf,
> fy llaw aswy'n gafael ar fy memrwn marmor.
> Ac eithrio ambell un, y mae cwmnïaeth dda
> yn y neuadd eang – Llywelyn, Dafydd ap Gwilym,
> Hywel Dda a Dewi Sant, ac eraill o gwar ein hanes.
> Mae i'r lle naws Prifddinas cenedl,
> un falch, sy'n mynd rhagddi at fwlch ei rhyddid.
> Beth oedd cymhelliad y rhai a'n cododd
> dan gymylau'r Rhyfel Mawr? Ond diolch byth amdanynt.
> Mae'r neuadd, bellach, yn lle llond o ddisgwyl.
> A'm gwaredo, os caf fy siomi yfory . . . [175]

Wrth fynd heibio, y mae'n werth nodi awgrym difyr ac eironig E. G. Millward fod ymroddiad y Cymry i'r Ymerodraeth Brydeinig yn rhan o ffrwyth 'yr ymgyrch ddiwylliannol i ddad-drefedigaethu ac ailfeddiannu Cymru' a gynrychiolir, ymhlith pethau eraill, gan yr awydd yn niwedd y bedwaredd ganrif ar bymtheg a dechrau'r ugeinfed i greu pantheon o arwyr cenedlaethol Cymreig. Meddai, gan ddyfynnu Edward Said:

> Ym mhresenoldeb y gallu imperialaidd 'the land is recoverable at first only through the imagination'. Ond wrth feddiannu'r hanes arwrol, mytholegol hwn [sy'n cynnwys nid yn unig arwyr milwrol Cymru Rydd yr Oesoedd Canol, ond hefyd arwyr Protestannaidd a Methodistaidd Cymru'r cyfnod modern], nid cysur yn unig a gafodd y Cymry, ond yr hyder i hawlio eu lle cydradd â Lloegr, y gorthrymwr gynt, a'r gallu ymerodraethol mwyaf a welwyd erioed.[176]

Ceir enghraifft ddiriaethol o hynny yn nadl yr Aelod Seneddol, Brynmor Jones, dros gael Amgueddfa Genedlaethol i Gymru, mewn papur a ddarllenodd gerbron Anrhydedus Gymdeithas y Cymmrodorion yn Eisteddfod Genedlaethol Pontypridd, 1893. Byddai sefydlu Amgueddfa Genedlaethol, meddai, yn gam arall 'in that forward movement which has for its object the conversion of Wales from the mere aggregate of counties into a province of the British Empire, having an active and conscious national unity of its own'.[177]

Daw newid yn yr awyrgylch wedi'r Rhyfel Byd Cyntaf, a cheir tipyn llai o sylw i Owain Glyndŵr (ac i Lywelyn y Llyw Olaf) yn y blynyddoedd wedi hynny. Awgrym Gruffydd Aled Williams yw mai twf heddychiaeth a thrai arwriaeth sy'n gyfrifol am hynny;[178] a gellir ychwanegu hefyd dwf sosialaeth. Un rheswm am boblogrwydd mawr Glyndŵr yn niwedd y bedwaredd ganrif ar bymtheg a dechrau'r ugeinfed oedd natur ramantaidd ac optimistaidd y cyfnod;[179] ond yn dilyn y Rhyfel Byd Cyntaf, gwelwn nodau crasach moderniaeth yn dechrau disodli rhamantiaeth, a hyder ac optimistiaeth canrif newydd yn derbyn cnoc go galed, gan y rhyfel ei hun a chan yr ansicrwydd a'r anawsterau economaidd a gwleidyddol a'i dilynodd. Crynhoir y newid ysbryd hwn gan D. Tecwyn Lloyd mewn adolygiad pryfoclyd ar *Cadwn y Mur: Blodeugerdd Barddas o Ganu Gwladgarol*, gol. Elwyn Edwards (1990):

> Yn wahanol i'r canu i Gymru a geid yn y 19 ganrif, mae'r beirdd o Dridegau'r ganrif hon ymlaen wedi ymdrechu i bortreadu gwlad sy'n rhyfeddol o anghynnes, hagr ac angharadwy. Dechreuodd hyn gyda Gwenallt yn y Tridegau . . . Y melancolia eithaf yw gan Alan Llwyd . . .
>
> > Y genedl nad yw'n amgenach
> > na chynrhon bach yn rhannu bedd.
>
> . . . Ar dro, mae dyn yn dyheu am beth o wladgarwch ffrothlyd, diofal, cerddi fel 'Wele goelcerth wen yn fflamio' neu unawdau fel 'Y Marchog', 'Yr Ornest' ac ati. Nid oes dim o'r rheini [yn y flodeugerdd hon]. Rhamantu, wrth gwrs, oedd y sôn am farchogion yn 'tanio drwy ein tir' ac ati, ond O, – mae'n anodd bod yn frwd ynghylch cynrhon, – waeth pa mor genedlaethol y bônt![180]

Dros y ddwy ganrif a hanner diwethaf, bu peth ymryson rhwng Owain Glyndŵr a Llywelyn y Llyw Olaf am safle'n prif arwr cenedlaethol. Trwodd a thro, Glyndŵr fu'r mwyaf poblogaidd o'r ddau ar draws y cyfnod,[181] ond bu adegau yn ail hanner yr ugeinfed ganrif pan gâi Llywelyn fwy o sylw na Glyndŵr.[182] Yn hynny o beth y mae Arwisgo'r Tywysog Siarl yn 1969 yn drawiadol o wahanol i Arwisgo 1911. Nid Glyndŵr sydd yng nghanol y cerddi a enillodd Gadair

Eisteddfod yr Urdd i Gerallt Lloyd Owen yn 1969, ond
Llywelyn. Dyfarnwyd un o gerddi'r dilyniant hwnnw, 'Wylit,
wylit, Lywelyn', yn hoff gerdd y Cymry mewn cystadleuaeth a
drefnwyd gan Wasg Gomer ar ddiwedd yr ugeinfed ganrif.[183]
Mae'n wir fod perthynas agos rhwng y cerddi a ddaeth i'r
brig yn y gystadleuaeth honno a meysydd llafur yr ysgolion,
ond nid oes gwadu ychwaith fod Llywelyn a'i fethiant yn
rhwyddach i uniaethu â hwy yn y cyfnodau o felan y bu'r
mudiad cenedlaethol trwyddynt ar adegau yn ystod yr hanner
canrif diwethaf. Daw'r felan honno, a'r sylw i Lywelyn, i
uchafbwynt o fath yn nechrau'r 1980au, gyda 700 mlwyddiant
marw Llywelyn yn 1982 yn dilyn yn syth ar ôl methiant
trychinebus refferendwm datganoli 1 Mawrth 1979 ac ethol
llywodraeth Margaret Thatcher ychydig yn ddiweddarach.[184]
Yma eto, y llais amlwg yw un Gerallt Lloyd Owen a'i awdl
fuddugol, 'Cilmeri', yn Eisteddfod Genedlaethol Abertawe,
1982.[185]

Ond wrth i'r mudiad cenedlaethol ddechrau ei ailadeiladu
ei hun yn dilyn methiant refferendwm 1979, gwelwn ysbryd
mwy gobeithiol yn dychwelyd i'r tir yn araf bach, a Glyndŵr
yn dod yn amlycach unwaith yn rhagor, yn arbennig felly
ar ôl llwyddiant refferendwm datganoli 18 Medi 1997, ac
wrth i fileniwm newydd a dathlu 600 mlwyddiant ei ryfel
annibyniaeth agosáu. Gwelir yr optimistiaeth newydd
hon yn dod i aeddfedrwydd yn y cerddi a enillodd Goron
a Chadair Eisteddfod Genedlaethol Cwm Rhymni i Iwan
Llwyd a Myrddin ap Dafydd yn 1990. Ond ceir rhagflas
ohoni, er enghraifft, yng ngherdd hir Bobi Jones, *Hunllef
Arthur* (1986), cerdd sy'n fyfyrdod ar hanes Cymru ac sy'n
cynnwys adrannau ar Lywelyn a Glyndŵr. 'Gwrth-arwrgerdd'
ydyw, meddai'r bardd ei hun, cerdd sy'n archwilio ofn y
Cymry ynghylch eu bodolaeth.[186] Ar un wedd, peth o adladd

refferendwm 1979 yw'r gerdd hon. Hunllef sydd yma; ond yr un pryd, ceir gobaith yn ei diwedd: 'O'r hunllef . . . mi enir rhywbeth' (t.239, ll.865-6). A gobaith, er mor wan a diymadferth, yw'r nodyn a drewir yn yr adran ar Glyndŵr: 'A lle bo gobaith, 'bydd ef byth yn bell/Na'i gledd yn bŵl' (t.93, ll.951-2); 'Yn ei freuddwyd gwêl/Dros dro, ryw dro, am eiliad anghredadwy/Rithyn o wanwyn ofnus dan gaead rhew' (t.93, ll.962-4); 'Darfod wnaeth/Drwy gilio'i led ddiflandod i nyth y disgwyl/Sy'n esgyrn ym mronnau'r Cymry' (t.93, ll.1007-9). Ys dywedodd Frank Price Jones: 'Owain Glyn Dŵr [ac nid Llywelyn] . . . yw'r arwr i bobl sydd â'u hwyneb tua'r wawr.'[187] Ac mae sylw Dafydd Glyn Jones wrth gloi Darlith Radio Flynyddol BBC Cymru am 1992 yn arwyddocaol yn y cyd-destun hwn: 'Fe gafodd tylwyth Dic Siôn Dafydd barti gwych yn '79, a rhai ohonynt, mae'n siŵr, wedi cadw'u hetiau papur i gofio. Mae'n hen bryd i ddilynwyr Glyndŵr gael rhywbeth i'w ddathlu.'[188]

Mae'n arwyddocaol hefyd mai Glyndŵr a ddewiswyd gan Jon Dressel a T. James Jones i gynrychioli Cymru yn *Wyneb yn Wyneb: Face to Face* (1997), y gerdd hir mewn deg o ganiadau a luniasant i ddathlu canlyniad cadarnhaol (o drwch blewyn) refferendwm datganoli 1997. Roedd y ddau wedi cydweithio yn 1979 ar gyfres o gerddi yn ymateb i fethiant refferendwm datganoli'r flwyddyn honno, *Cerddi Ianws Poems* (1979). Cyfeiriadau at Lywelyn, ac yn arbennig at farwnad Gruffudd ab yr Ynad Coch iddo, sydd amlycaf wrth i'r ddau fardd alarnadu uwchben trychineb refferendwm 1979: 'ni bu dydd fel hwn/ers saith gan mlynedd'.[189] Ond canoli ar Owain Glyndŵr yw eu ffordd o ddathlu llwyddiant refferendwm 1997. Yn debyg i *Cerddi Ianws*, cerdd a luniwyd yn gyfochrog yn Gymraeg a Saesneg yw *Wyneb yn Wyneb*.[190] Ynddi daw Owain Glyndŵr 'o fröydd y chwedlau' i Ddyffryn Shenandoah,

Virginia ar 18 Medi 1997, diwrnod y refferendwm, i sgwrsio â Robert E. Lee (1807–70), prif arwr milwrol Taleithiau'r De yn Rhyfel Cartref America (1861–65).[191] Dewiswyd Lee ar gyfer y gerdd am mai ef yw 'yr un sy'n cyfateb agosaf at Glyndŵr yn hanes America'.[192] Mae'n wir fod peth tebygrwydd rhwng y ddau. Bu'r ddau tua'r un oed yn colli eu rhyfeloedd; bu'r ddau yn arwain brwydrau dros annibyniaeth, a dod o fewn trwch blewyn i ennill; gwelodd y ddau 'golledion enbyd/yn wyneb egnïon mil grymusach na ni'; bu'r ddau yn 'bwerus i ysbrydoli'.[193]

Ond y mae gwahaniaethau sylfaenol rhyngddynt hefyd. Fel y nodir yn y gerdd, roedd achos y ddau yn wahanol iawn; nid brwydr â chenedl arall mo brwydr Robert E. Lee, ond brwydr i chwalu'r Undeb: 'Americaniaid oeddem./A'n gwlad o hyd, er colli'r achos, yn eiddo i ni.'[194] Ac i mi, mewn ffordd eironig, nid yn eu tebygrwydd ond yn y gwahaniaethau rhyngddynt y gorwedd grym cerdd Jon Dressel/T. James Jones. Yn wahanol i Owain Glyndŵr, ni chafodd Robert E. Lee gynnig pardwn, ac nid adferwyd iddo ddinasyddiaeth gyflawn yr Unol Daleithiau tan 1975, dros ganrif ar ôl ei farw;[195] ond yn wahanol eto i Glyndŵr, byddai Lee wedi dymuno derbyn pardwn. A thanlinellir y gwahaniaeth sylfaenol hwn rhwng y ddau yn y pedwerydd caniad – uchafbwynt y gerdd, i'm tyb i – lle yr eglura Glyndŵr paham y gwrthododd bardwn gan Harri V:

> Ond byddai derbyn pardwn i mi fel plygu glin . . .
> Roedd y gobaith y bûm yn rhan o'i gynnau
> yn dal yn ofal; fy nghyfrifoldeb oedd ei gadw'n fyw.
> Ni fedrwn ddychwel adref ar hyd ffordd ddiraddiol
>   eu goddefiad hwy,
> er gwaethaf eu haddewidion y cawn fyw a marw yn fy nyth.

'A LLE BO GOBAITH, 'BYDD EF BYTH YN BELL'

Roedd yn rhaid i mi ddiflannu. Dyna'r weithred
                              dyngedfennol,
fel na roddai fy mhresenoldeb yn y cnawd
gredinedd i'r anobaith fod yr achos mawr ar ben . . .
Pe derbyniaswn bardwn ni fyddwn wedi gallu byw
a bod yng nghysgod y blynyddoedd,
yn obaith oesol, yn unol â dyhead rhai o'm cenedl.
Wrth fynd yn gysgod mae fy enw'n fyw,
yn datgan yr hyn a fu dros dro,
yn darogan yr hyn a fydd, myn Duw, ryw ddydd.[196]

❦

Fel y mae'r brasolwg hwn ar le Owain Glyndŵr yn ein llenyddiaeth wedi dangos yn anad dim, gobeithio, rhywbeth a grëir o'r newydd drosodd a thro yw 'hanes'. Ys dywed Bobi Jones, 'Dychmygol ydyw *pob* gwir hanes, a'r rhaid yw i bob cenhedlaeth ei ddychmygu o'r newydd drosto'i hun.'[197] Wrth edrych yn ôl dros y canrifoedd, gwelsom y portread o Glyndŵr yn newid yn syfrdanol o gyfnod i gyfnod: bu'n fab darogan, yn fethiant amherthnasol, yn ddewin, yn arwr gwerin, yn rhyfelwr rhamantaidd, yn obaith tawel. Beth, tybed, fydd y cam nesaf yn natblygiad y cameleon hwnnw a alwn yn Owain Glyndŵr?

Yn 1993, wrth drafod 'Arwyr Ddoe a Heddiw yn y Canu Caeth Diweddar', fe ofynnodd Elena Morus: 'Tybed, a ydym ni erbyn hyn ar drothwy cyfnod lle na bydd cymaint o fri ar ddyrchafu'r gorffennol yn ein llên? Tybed a oes gennym ni ddigon o hyder i wynebu'r dyfodol heb fwrw cipolwg dros ein hysgwydd yn dragwyddol?'[198] Yn sicr, y mae digon o arwyddion yn y Gymru gyfoes o ddibrisio ein gorffennol, ac o anwybodaeth affwysol amdano;[199] ond y mae peryglon enbyd o'n blaen os dilynwn y llwybr hwnnw, am mai peryglu'r dyfodol yw dibrisio'r gorffennol.[200] Llwybr barbareiddiwch ydyw; oherwydd fel y dywed Gerallt Lloyd Owen yn ei awdl, 'Cilmeri': 'Dawn y gwâr yw dwyn i go'/ Echdoe'i hil . . .'[201] A dyma ran o ysgrif Saunders Lewis, 'Cenedlaetholdeb a Chyfalaf' – ysgrif sy'n allweddol er deall ei syniadaeth wleidyddol ac economaidd. Er ei chyhoeddi'n wreiddiol ym Mehefin 1926, y mae gormod o lawer o'n Cymru gyfoes yn y darn a ddyfynnir isod:

> Y gwahaniaeth rhwng anwar a gwâr yw na ofala'r anwar am gadw dim, ond ei dreulio cyn gynted ag yr enillo. Nid edrych ef ymlaen i'r dyfodol, na chynllunio na chynhilo erddo; ond byw o ddydd i ddydd heb feddwl am a fyddo. Nid ysgrifennodd neb erioed hanes anwareiddiwch, canys nid oes iddo na gorffennol na dyfodol, fel na ellir ei gofnodi. Disgrifio barbareiddiwch yn unig a ellir.
>
> Creu hanes yw nod angen y genedl wareiddiedig. Er mwyn hynny yr ymwad â'i phleser heddiw, ac ag aml anghenraid, fel y byddo ganddi gyfoeth yfory i fyw ymlaen, a datblygu ei hetifeddiaeth . . . [Yr] enw a roddir [ar y cyfoeth hwnnw] yw cyfalaf . . . [ac] oherwydd mai ffrwyth cydegni llawer yw cyfalaf . . . fe ddylai fod yn wasgaredig ym mhlith lliaws aelodau'r genedl . . .
>
> Heddiw nid gwlad yn llawn o fân gyfalafwyr yw Cymru, ond gwlad y mae ynddi nifer

gymharol fechan o gyfalafwyr tra chyfoethog, a
mwyafrif o weddill y bobl, y 'werin' fel y gelwir
hwynt, yn gweithio iddynt am gyflog. A phwysig
dros ben yw sylwi bod rhan helaeth o'r cyfalafwyr
cefnog hyn yn estroniaid. Gwaeth na hynny: nid
ydynt oll hyd yn oed yn byw yng Nghymru. Yr
enw a roddir ar gyflwr felly ar gymdeithas yw
'cyfalafiaeth' . . .

Dan gyfalafiaeth . . . collir y cysylltiad hwnnw
â'r gorffennol a'r cariad at y genedl sy'n rhaid
wrthynt er mwyn parhad gwareiddiad . . . Bernir
ysgol, megis y bernir ffatri, wrth ei defnyddioldeb
masnachol . . .[202]

Mae gwahaniaeth mawr rhwng byw *yn* y gorffennol a byw
ar y gorffennol. Canys rhan o edrych ymlaen yw edrych yn ôl.
Ymhob cam yn hanes y portread o Owain Glyndŵr, gwelsom
y Cymry'n ailgreu'r gorffennol ar gyfer y presennol er mwyn y
dyfodol – er mor simsan y gallai'r cam hwnnw fod ar adegau!
A dyna sy'n wir yn achos pob cenedl wâr. Cydbwysedd sydd
ei angen, wrth reswm, fel yn achos dylanwadau o'r tu allan.
Peth afiach yw gadael ffenestri cenedl ynghau; y delfryd yw
eu hagor er mwyn dwyn chwaon adnewyddol i awyr y tŷ oddi
wrth awelon byd. Peth hollol wahanol yw gorfod wynebu
corwyntoedd difaol, fel sy'n wir yn achos bywyd diwylliannol
Cymru heddiw. Nod pob cenedl ymhob cenhedlaeth ddylai
fod edrych, yr un pryd, y tu mewn a'r tu allan, yn ôl ac ymlaen,
a chreu synthesis newydd, cynhenid o'r cyfan.

'Cenedl heb iaith, cenedl heb galon' meddai'r ddihareb
a oedd mor boblogaidd yng Nghymru'r 1960au a'r 1970au.
Ond nid yw iaith yn ddigon ar ei phen ei hun; rhaid wrth
gynnwys,[203] rhaid wrth draddodiadau a chwedlau, wrth arwyr

ac eiconau,²⁰⁴ rhaid wrth ddelfrydau wedi'u diriaethu mewn delweddau, rhaid wrth gof cymunedol.²⁰⁵ Mewn geiriau eraill, 'Cenedl heb gof, cenedl heb galon.' Ac yn y cof hwnnw y mae gan Owain Glyndŵr le allweddol, heddiw fel erioed.

Nodiadau

1 Fe'i cyhoeddwyd yn *Cerddi'r Gaeaf* (Dinbych: Gwasg Gee, 1952), a'i ailgyhoeddi yn *Cerddi R. Williams Parry: Y Casgliad Cyflawn*, gol. Alan Llwyd (Dinbych: Gwasg Gee, 1998), 130.
2 Rees Davies, *Owain Glyn Dŵr: Hanes a Chof Gwlad* (Caerdydd: Darlith Eisteddfodol Prifysgol Cymru, 1995), 11.
3 *Ibid.*, 8–12.
4 Mae Elissa R. Henken yn manylu ar y traddodiadau llafar a'r llên gwerin am Owain Glyndŵr yn ei chyfrol, *National Redeemer: Owain Glyndŵr in Welsh Tradition* (Caerdydd: Gwasg Prifysgol Cymru, 1996).
5 Am drafodaeth ar hyn, gw. R. M. Jones, *Llên Cymru a Chrefydd* (Abertawe: Christopher Davies, 1977), pennod 10.
6 Cf. y sylwadau a ganlyn yn *Rethinking Literary History*, gol. Linda Hutcheon a Mario J. Valdés (Rhydychen: Gwasg Prifysgol Rhydychen, 2002): 'The fact that the writing of literary history inevitably serves political interests has often been masked by educational claims or by a rhetoric and tone of scientific objectivity . . . The narrative of the literature of the nation, like that of the nation itself, was and is usually written as one of natural and continual development . . . The potent combination of the nostalgic impact of origins (the founding movement) and linear utopian projection (into the future) that informs this model is one clear reason for its consistent appeal to any

group that has felt oppressed by dominant powers on the level of nation but also of gender, sexual choice, class, race, ethnicity, language, or religion. Like nations, all marginalised groups "turn to the past in search of identity, tradition, and self-understanding. Their histories do not usually stress discontinuity but the opposite." In fact, literary histories not only create continuities, but, in the process, confer legitimacy' (Linda Hutcheon, tt.6–7); 'The significance of the past is important to us today because of the meaning we ascribe to those events. This significance is understandable only to the extent that it is placed within the narrative description we share with our contemporaries. There can be no doubt that it is we who make the past' (Mario J. Valdés, tt.80–1); 'Objective, value-free discourse is . . . discourse without meaning . . . The minute we set pen to paper, creating history as story, as analysis, as discourse – that very minute history as event vanishes . . . That is why, in a certain sense, we are and must always be the center of our histories. They are told by and for us' (Marshall Brown, t.119). (Diolchaf i'r Athro Colin H. Williams am dynnu fy sylw at y gyfrol hon.)

7   Rees Davies, *Owain Glyn Dŵr: Hanes a Chof Gwlad*, 12.
8   Gwyn A. Williams, 'Twf Hanesyddol y Syniad o Genedl yng Nghymru', yn *Y Meddwl Cymreig*, gol. W. J. Rees (Caerdydd: Gwasg Prifysgol Cymru, 1995), 169.
9   Dyfynnwyd yn E. G. Millward, *Yr Arwrgerdd Gymraeg: Ei Thwf a'i Thranc* (Caerdydd: Gwasg Prifysgol Cymru, 1998), 274.
10 Gw., er enghraifft, R. Rees Davies, 'Ar Drywydd Owain Glyndŵr', yn *Cof Cenedl II*, gol. Geraint H. Jenkins (Llandysul: Gwasg Gomer, 1987), 3–5.
11 Gwyn A. Williams, 'Twf Hanesyddol y Syniad o Genedl yng Nghymru', yn *Y Meddwl Cymreig*, 160.
12 J. E. Lloyd, *Owen Glendower* (Rhydychen: Gwasg Prifysgol

Rhydychen, 1931), 146; cf. W. J. Gruffydd, *Y Tro Olaf ac Ysgrifau Eraill* (Y Clwb Llyfrau Cymreig, 1939), 186–7, sy'n dadlau y byddai gosodiad J. E. Lloyd yn gywirach pe na bai'n cynnwys y gair 'modern'. O dderbyn y dyfarniad fod Owain Glyndŵr yn 'dad cenedlaetholdeb Cymreig', un o eironïau hanes – fel y noda Emyr Humphreys yn *The Taliesin Tradition* (Pen-y-bont ar Ogwr: Seren Books, 1989), 36 – yw bod 'tad cenedlaetholdeb Cymreig' wedi ei drechu gan 'dad cenedlaetholdeb Seisnig', sef y brenin Harri V, a hwnnw hefyd yn honni ei fod yn Gymro yn rhinwedd y ffaith iddo gael ei eni yn Nhrefynwy!

13 J. E. Lloyd (cyf. R. T. Jenkins), *Golwg ar Hanes Cymru* (Gwasg Aberystwyth, 1943), 44.

14 Gw., er enghraifft, Gwyn A. Williams, *When Was Wales?* (Harmondsworth: Penguin Books, 1985), 113; Emyr Humphreys, *The Taliesin Tradition*, 36; J. E. Lloyd, *Owen Glendower*, 146; cf. Peter Lord, *Words with Pictures* (Aberystwyth: Planet, 1995), 26–7.

15 Gwyn A. Williams, 'Twf Hanesyddol y Syniad o Genedl yng Nghymru', yn *Y Meddwl Cymreig*, 159.

16 John Davies, *Hanes Cymru* (Llundain: Allen Lane, 1990), 195.

17 Yn ôl Dafydd Johnston, y mae 33 copi llawysgrif o'r naill gywydd wedi goroesi a 24 o'r llall – gw. D. R. Johnston, *Gwaith Iolo Goch* (Caerdydd: Gwasg Prifysgol Cymru, 1988), 221, 231.

18 Fe'i dyfynnwyd yn E. G. Millward, ' "Dicter Poeth y Dr Pan" ', yn *Cof Cenedl IX*, gol. Geraint H. Jenkins (Llandysul: Gwasg Gomer, 1994), 173.

19 O'r gerdd 'Saf i Fyny dros dy Wlad', a gynhwyswyd yn *Gwlad fy Nhadau: Rhodd Cymru i'w Byddin*, gol. John Morris-Jones (Llundain: Hodder & Stoughton, [1915]), 114.

20 'Ple Mae'r Dewrion?', yn *Camre Cymru. Cerddi'r Rali gan Amryw Feirdd*, gol. Bobi Jones (Plaid Cymru, 1952). Gw. hefyd y cofnod 'Hen Ŵr Pencader' yn Meic Stephens (gol.), *Cydymaith*

i Lenyddiaeth Cymru, argraffiad newydd (Caerdydd: Gwasg
   Prifysgol Cymru, 1997).
21 'Rwy'n Gweld y Dydd', *Holl Ganeuon Dafydd Iwan*, ail argraffiad
   (Tal-y-bont: Y Lolfa, 1998), rhif 114. Gw. hefyd f'erthygl,
   'Painting the World Green: Dafydd Iwan and the Welsh Protest
   Ballad', *Folk Music Journal*, 8:5 (2005), 613–14.
22 Bryan Martin Davies, *Pan Oedd y Nos yn Wenfflam*
   (Cyhoeddiadau Barddas, 1988), 27. Ceir adleisiau o waith
   Gwenallt yn y gerdd. Adlais o soned laes R. Williams Parry,
   'Cymru 1937', sydd yn y cwpled olaf.
23 Dyfynnir o olygiad Christine James, *Cerddi Gwenallt:
   Y Casgliad Cyflawn* (Llandysul: Gwasg Gomer, 2001), 223.
24 *Ibid.*, 318–19.
25 Disgrifiad Halvdan Koht ohono; fe'i dyfynnir yn R. M. Jones,
   'Macsen Wledig a'i Berthynas â'r Genedl', yn *Cof Cenedl XV*,
   gol. Geraint H. Jenkins (Llandysul: Gwasg Gomer, 2000), 19;
   cf. R. M. Jones, *Ysbryd y Cwlwm: Delwedd y Genedl yn Ein
   Llenyddiaeth* (Caerdydd: Gwasg Prifysgol Cymru, 1998), 35, 39.
26 Ar hanesyddiaeth draddodiadol y Cymry a mythau eu tarddiad,
   gw. R. Geraint Gruffydd, 'The Renaissance and Welsh Literature',
   yn *The Celts and the Renaissance*, gol. Glanmor Williams a
   Robert Owen Jones (Caerdydd: Gwasg Prifysgol Cymru, 1990),
   pennod 2; Prys Morgan, 'Keeping the Legends Alive', yn
   Wales: The Imagined Nation, gol. Tony Curtis (Pen-y-bont ar
   Ogwr: Poetry Wales Press, 1986), 17–41; *idem*, 'R. J. Derfel a'r
   Ddrama *Brad y Llyfrau Gleision*', yn *Brad y Llyfrau Gleision*, gol.
   Prys Morgan (Llandysul: Gwasg Gomer, 1991), 1–21; Brynley F.
   Roberts, 'Sieffre o Fynwy a Myth Hanes Cenedl y Cymry', yn
   Cof Cenedl VI, gol. Geraint H. Jenkins (Llandysul: Gwasg
   Gomer, 1991), 1–32; Glanmor Williams, *Renewal and
   Reformation: Wales c.1415–1642* (Rhydychen: Gwasg Prifysgol
   Rhydychen, 1993), pennod 19; *idem, Religion, Language and*

Nationality in Wales (Caerdydd: Gwasg Prifysgol Cymru, 1979); Geraint H. Jenkins, 'Adfywiad yr Iaith a'r Diwylliant Cymraeg 1660–1800', yn *Y Gymraeg yn ei Disgleirdeb*, gol. Geraint H. Jenkins (Caerdydd: Gwasg Prifysgol Cymru, 1997), 368–74; Caryl Davies, *Adfeilion Babel: Agweddau ar Syniadaeth Ieithyddol y Ddeunawfed Ganrif* (Caerdydd: Gwasg Prifysgol Cymru, 2000); E. Wyn James, ' "The New Birth of a People": Welsh Language and Identity and the Welsh Methodists, c.1740–1820', yn *Religion and National Identity: Wales and Scotland, c.1700–2000*, gol. Robert Pope (Caerdydd: Gwasg Prifysgol Cymru, 2001), 20–4, 33–9.

27 Gw. R. Rees Davies, 'Ar Drywydd Owain Glyndŵr', yn *Cof Cenedl II*, 16–20.

28 R. Rees Davies, 'Owain Glyn Dŵr a'i Apêl', *Y Traethodydd*, Hydref 2000, 206.

29 R. M. Jones, *Ysbryd y Cwlwm*, 40; J. Gwynfor Jones, 'Owain Glyndŵr a Gwrthryfel y Cymry 1400–1415', *Taliesin*, 110 (Gaeaf 2000), 30–1; J. E. Lloyd, *Owen Glendower*, 95.

30 Gw. Gruffydd Aled Williams, 'The Bardic Road to Bosworth: A Welsh View of Henry Tudor', *Trafodion Anrhydeddus Gymdeithas y Cymmrodorion*, 1986, 7–31. Cf. sylwadau J. E. Caerwyn Williams: 'Diau fod [brudiwr enwocaf y cyfnod] Dafydd Llwyd yn cynrychioli syniadau'r mwyafrif yng Nghymru pan gredodd ei fod yn gweld sylweddoli holl obeithion ei genedl wrth weld Harri Tudur yn esgyn i orsedd Lloegr . . . Iddo ef yr oedd Harri Tudur wedi ennill . . . y frwydr am arglwyddiaeth neu unbennaeth Ynys Prydain, ie ac wedi cyflawni proffwydoliaeth y beirdd . . . Fe all, fel yr awgrymodd rhywun, fod gan genedlaetholdeb Cymreig athrylith i ddewis y tro sy'n arwain i gaethiwed yn hytrach na'r tro sy'n arwain i ryddid, ac y mae'n gwestiwn diddorol pa un ai methiant gwrthryfel Owain Glyn Dŵr ai llwyddiant y Tuduriaid a fu fwyaf o les i'r

genedl Gymreig. Sut bynnag am hynny, camgymeriad Dafydd Llwyd a'i gyfoeswyr ydoedd methu sylweddoli nad ennill gorsedd Prydain oedd yn bwysig bellach ond ennill gorsedd annibynnol i Gymru ei hun' – J. E. Caerwyn Williams, 'Twf Cenedlaetholdeb yng Nghymru'r Oesoedd Canol', yn *Gwinllan a Roddwyd*, gol. Dewi Eirug Davies (Llandybïe: Christopher Davies, 1972), 84.

31   Gw. Geraint H. Jenkins, *Hanes Cymru yn y Cyfnod Modern Cynnar 1530–1760* (Caerdydd: Gwasg Prifysgol Cymru, 1983), pennod 5; cf. Ceri Davies, *Welsh Literature and the Classical Tradition* (Caerdydd: Gwasg Prifysgol Cymru, 1995), 53–4.

32   Gw. rhagymadrodd Thomas Salisbury i Salmau Wiliam Midleton (1603) a rhagymadrodd Robert Holland i'w gyfieithiad Cymraeg o *Basilikon Doron* y brenin Iago (1604). Ailgyhoeddwyd rhagymadrodd Thomas Salisbury yn Garfield H. Hughes (gol.), *Rhagymadroddion 1547–1659* (Caerdydd: Gwasg Prifysgol Cymru, 1951); cyhoeddwyd ffacsimili o'r cyfieithiad o *Basilikon Doron* gan Wasg Prifysgol Cymru yn 1931. Gw. hefyd J. Gwynfor Jones, 'Robert Holland a *Basilikon Doron* y Brenin Iago', yn *Ysgrifau Beirniadol XXII*, gol. J. E. Caerwyn Williams (Dinbych: Gwasg Gee, 1997), 161–88, a Peter Roberts, 'Tudor Wales, National Identity and the British Inheritance', yn *British Consciousness and Identity: The Making of Britain, 1533–1707*, gol. Brendan Bradshaw a Peter Roberts (Caergrawnt: Gwasg Prifysgol Caergrawnt, 1998), 37–42.

33   Am le hanesyddiaeth draddodiadol y Cymry yn Lloegr yn oes y Tuduriaid, a'r defnydd ohoni i hyrwyddo 'Ymerodraeth Brydeinig' newydd ar sail un honedig Arthur, gw. Emyr Humphreys, *The Taliesin Tradition*, pennod 5; Gwyn A. Williams, *Madoc: The Making of a Myth* (Rhydychen: Gwasg Prifysgol Rhydychen, 1987), 34–9; O. E. Roberts, *Dr John Dee 1527–1608* (Caernarfon: Gwasg Gwynedd, 1980).

34 Gw. D. Ellis Evans, 'Theophilus Evans ar Hanes Cynnar Prydain', *Y Traethodydd*, Ebrill 1973, 101–2.

35 Gw. Jenny Wormald, 'James VI, James I and the Identity of Britain', yn *The British Problem c.1534–1707*, gol. Brendan Bradshaw a John Morrill (Basingstoke: Macmillan, 1996), 148–71. Fel y pwysleisia Jenny Wormald, deilliodd awydd Iago I i fabwysiadu'r teitl 'Brenin Prydain Fawr' yn rhannol o'r camsyniad fod y 'Fawr' yn cyfeirio at rym a mawredd, lle yr oedd mewn gwirionedd yn derm daearyddol i wahaniaethu y Brydain honno oddi wrth 'Brydain Fechan', sef Llydaw.

36 Gw. Brynley F. Roberts, 'Ymagweddau at *Brut y Brenhinedd* hyd 1890', *Bwletin y Bwrdd Gwybodau Celtaidd*, 24:2 (Mai 1971), 122–38; Geraint H. Jenkins, 'Historical Writing in the Eighteenth Century', yn *A Guide to Welsh Literature c.1700–1800*, gol. Branwen Jarvis (Caerdydd: Gwasg Prifysgol Cymru, 2000), pennod 2. Diddorol gweld mai Iolo Morganwg oedd un o'r ychydig Gymry cyn y bedwaredd ganrif ar bymtheg i fentro beirniadu gwaith Sieffre o Fynwy a'i honiadau ynghylch tarddiad y Cymry o Gaerdroea (gw. erthygl B. F. Roberts, t.135) – enghraifft o un ffugiwr yn adnabod ffugiwr arall, mae'n siŵr!

37 Cf. Gwyn A. Williams, 'Twf Hanesyddol y Syniad o Genedl yng Nghymru', yn *Y Meddwl Cymreig*, 161, lle y dadleua fod y Cymry wedi dod yn genedl sgitsoffrenig gyda Rhyfel Glyndŵr.

38 Gomer M. Roberts, *Portread o Ddiwygiwr* (Caernarfon: Bwrdd Ymddiriedolwyr Gweinyddol y Ddarlith Davies, 1969), 31–2, 140–4. Am agweddau'r Diwygwyr Protestannaidd a'r Methodistiaid at yr hanesyddiaeth draddodiadol Gymreig, gw. f'erthygl, ' "The New Birth of a People": Welsh Language and Identity and the Welsh Methodists, *c*.1740–1820', yn *Religion and National Identity: Wales and Scotland c.1700–2000*.

39 *Corph y Gainc* (Caernarfon, 1834), 461–2, 151–3. Ar y ffens

yr oedd Dafydd Ddu Eryri yn achos dilysrwydd Brut Sieffre a hanes Brutus – gw. tt.7–8.

40   Geraint H. Jenkins, *Cadw Tŷ Mewn Cwmwl Tystion* (Llandysul: Gwasg Gomer, 1990), 133–4.

41   'Fy Ngwlad', yn *Hoff Gerddi Cymru* (Llandysul: Gwasg Gomer, 2000), 1.

42   Linda Colley, *Britons: Forging the Nation 1707–1837* (Llundain: Pimlico, 1994), 11, 13; A. H. Dodd, 'The Pattern of Politics in Stuart Wales', *Trafodion Anrhydeddus Gymdeithas y Cymmrodorion*, 1948, 16; gw. hefyd Meic Stephens (gol.), *Cydymaith i Lenyddiaeth Cymru*, argraffiad newydd 1997, dan 'Prydain'. Mae'n werth pwysleisio pa mor amwys y gall termau fel 'Prydain' a '*Britons*' fod ar adegau, oherwydd y cyfuniad hynod hwnnw a fodolai dros y canrifoedd 'o Loegr o fewn Prydain Gymreig' ac 'o Gymru o fewn Prydain Seisnig' (R. M. Jones, *Ysbryd y Cwlwm*, 175). Sonia Dafydd Ddu Eryri, er enghraifft, yn ei 'Awdl ar Ryddid', am sain yr efengyl yn mynd 'drwy Frydain frodir' (sef 'Lloegr', 'Albion' a 'Gwalia'); mewn cerdd i Gymreigyddion Bangor, wedyn, geilw'r Gymraeg yn 'Iaith Prydain . . .Wir Heniaith y Cymro'; ac mewn cerdd yn canmol 'haelioni a gwladgarwch' Owain Myfyr, dywed fod awydd Owain 'at lesiant tlyswaith Prif-feirdd Prydain' a'i nawdd i'r gwaith o gyhoeddi hen lenyddiaeth y Cymry 'er lles Brytania' (*Corph y Gainc*, 1834, 43–4, 150, 154–5, cf. 461–2). Ac i brofi nad yw'r amwysedd yn dechrau yn oes Dafydd Ddu, gellir troi at y gerdd o fawl i Elisabeth I, *The Blessednes of Brytaine* (1587), gan Morris Kyffin (*c.*1555–98), brodor o gyffiniau Sycharth. Ynddi y mae '*Britain*' a '*British*' yn cyfeirio yn eu tro at y deyrnas (= Lloegr, ond yn cynnwys Cymru), at Gymru, at yr Ynys, ac at dras Gymreig y Frenhines. Adargraffwyd y gerdd yn llyfryn gan Anrhyddedus Gymdeithas y Cymmrodorion yn 1885; atgynhyrchir y cyfeiriadau Cymreig yn y gerdd yn Gruffydd

Aled Williams, 'Beirdd Cymru a'r Goron', yn *Cof Cenedl XV*, gol. Geraint H. Jenkins (Llandysul: Gwasg Gomer, 2000), 42. Yn y cyd-destun hwn mae'n werth dyfynnu sylw gan Robert Winder yn ei gyfrol, *Bloody Foreigners: The Story of Immigration to Britain* (Llundain: Abacus, 2005), 21: 'Can it be a coincidence that the first appearance of the word "Celtic" in British political discourse was in 1707, the year of the Act of Union between England and Scotland. Celtic Britain emerged at exactly the same time as Great Britain, in other words; indeed, it can even be seen to have been inspired by the immediate appropriation of [the term] "Britons" . . . by the new English empire. A new word was required to describe non-Englishness, and "Celtic" fitted the bill.'

43   Dyfynnwyd yn Hywel Teifi Edwards, *Codi'r Hen Wlad yn ei Hôl 1850–1914* (Llandysul: Gwasg Gomer, 1989), 209.

44   Gerallt Lloyd Owen, 'Fy Ngwlad', yn *Hoff Gerddi Cymru*, 1.

45   J. Beverley Smith, *Llywelyn ap Gruffudd, Tywysog Cymru* (Caerdydd: Gwasg Prifysgol Cymru, 1986), 419. Ar ganu'r beirdd i goron Lloegr, gw. Gruffydd Aled Williams, 'Beirdd Cymru a'r Goron', yn *Cof Cenedl XV*, 29–68.

46   Mae Dafydd Glyn Jones wedi trafod amrywiol agweddau ar obsesiwn y Cymry ag 'Ynys Prydain' mewn cyfres o erthyglau a monograffau pwysig – gw. y llyfryddiaeth yn ei gyfrol, *Un o Wŷr y Medra: Bywyd a Gwaith William Williams, Llandygái 1738–1817* (Dinbych: Gwasg Gee, 1999), 334. Casglwyd ynghyd nifer o ysgrifau Dafydd Glyn Jones ar thema 'Ynys Brydain yn llenyddiaeth a meddwl y Cymry' i'w gyfrol, *Agoriad yr Oes* (Tal-y-bont: Y Lolfa, 2001).

47   Dylan Foster Evans, 'Ail-lunio'r Cymry – Y Beirdd ar ôl Methiant Glyndŵr', *Taliesin*, 110 (Gaeaf 2000), 43.

48   Elissa R. Henken, 'Pam Glyndŵr?', *Y Traethodydd*, Hydref 2000, 215.

49   E. D. Jones, *Beirdd y Bymthegfed Ganrif a'u Cefndir*

(Aberystwyth: Darlith Flynyddol Canolfan Uwchefrydiau Cymreig a Cheltaidd Aberystwyth, 1982), 7–8.

50 E. D. Jones, *Beirdd y Bymthegfed Ganrif a'u Cefndir*, 9, 12; *idem*, 'Wales in Fifteenth-Century Politics', yn *Wales Through the Ages*, cyf. 1, gol. A. J. Roderick (Llandybïe: Christopher Davies, 1959), 185–6.

51 E. D. Jones, *Beirdd y Bymthegfed Ganrif a'u Cefndir*, 11; Gruffydd Aled Williams, *Owain y Beirdd* (Aberystwyth: Prifysgol Cymru Aberystwyth, 1998), 13; R. M. Jones, *Ysbryd y Cwlwm*, 126–7.

52 Dyfynnwyd yn Gruffydd Aled Williams, 'The Bardic Road to Bosworth', *Trafodion Anrhydeddus Gymdeithas y Cymmrodorion*, 1986, 28.

53 Gw. Jerry Hunter, *Soffestri'r Saeson: Hanesyddiaeth a Hunaniaeth yn Oes y Tuduriaid* (Caerdydd: Gwasg Prifysgol Cymru, 2000), 3, 90–1. Am drafodaeth ar genedlaetholdeb gwleidyddol y beirdd yn y cyfnod, a'r newid gydag esgyniad Harri VII i orsedd Lloegr, gw. R. M. Jones, *Ysbryd y Cwlwm*, pennod 4.

54 Brynley F. Roberts, 'Sieffre o Fynwy a Myth Hanes Cenedl y Cymry', yn *Cof Cenedl VI*, 32.

55 R. R. Davies, *The Revolt of Owain Glyn Dŵr* (Rhydychen: Gwasg Prifysgol Rhydychen, 1997), 327.

56 Rees Davies, *Owain Glyn Dŵr: Hanes a Chof Gwlad*, 6.

57 *Ibid.*, 6. Ceir pennod ar bortread Shakespeare o Owain Glyndŵr yn Frederick J. Harries, *Shakespeare and the Welsh* (Llundain: T. Fisher Unwin, 1919). Mae peth sgwrsio Cymraeg yn *Henry IV, Part One*, ac y mae merch Glyndŵr yn canu cân Gymraeg ynddi, er nad atgynhyrchwyd y geiriau Cymraeg yn nhestun cyhoeddedig y ddrama, ysywaeth.

58 R. R. Davies, *The Revolt of Owain Glyn Dŵr*, 329; cf. Gruffydd Aled Williams, *Owain y Beirdd*, 15; J. E. Lloyd, *Owen Glendower*, 5–7.

59 Dyfynnwyd yn W. J. Hughes, *Wales and the Welsh in English Literature from Shakespeare to Scott* (Wrecsam: Hughes a'i Fab, 1924), 145.
60 Dylan Foster Evans, 'Ail-lunio'r Cymry – Y Beirdd ar ôl Methiant Glyndŵr', *Taliesin*, Gaeaf 2000, 43.
61 John Davies, *Hanes Cymru*, 195.
62 Gw. J. E. Lloyd, *Owen Glendower*, 1–3; R. R. Davies, *The Revolt of Owain Glyn Dŵr*, 329.
63 Garfield H. Hughes (gol.), *Rhagymadroddion 1547–1659*, adargraffiad (Caerdydd: Gwasg Prifysgol Cymru, 1967), 24.
64 Charles Edwards, *Y Ffydd Ddi-ffuant* (trydydd argraffiad, 1677; adargraffwyd dan olygyddiaeth G. J. Williams, Caerdydd: Gwasg Prifysgol Cymru, 1936), 196–8, 209–10.
65 Nid yw'r gred honno wedi diflannu'n llwyr o'r tir, fe ymddengys. Yn y *Western Mail*, 2 Mai 2001, wrth amddiffyn defnyddio 'Prydeinig' ar ffurflen y Cyfrifiad yn derm ymbarél ar gyfer cenhedloedd Prydain (a Gogledd Iwerddon!), dywed un llythyrwraig o Fro Morgannwg wrth gloi ei llythyr: 'Let us shout for Wales, but let us shout for Britain – and the British Lions – too. And if it helps us, we can always remember that it was Wales who defeated England to put Welshman Henry Tudor on the throne!'
66 Rees Davies, *Owain Glyn Dŵr: Hanes a Chof Gwlad*, 10; gw. hefyd R. Rees Davies, 'Owain Glyn Dŵr a'i Apêl', *Y Traethodydd*, Hydref 2000, 207–8; Elissa R. Henken, 'Pam Glyndŵr?', *Y Traethodydd*, Hydref 2000, 213–14.
67 R. R. Davies, *The Revolt of Owain Glyn Dŵr*, 330. Fel y noda Rees Davies, cyhoeddwyd portread Thomas Pennant yn gyfrol ar wahân maes o law, a'i gyfieithu i'r Gymraeg yn ogystal, gan ddod yn hynod ddylanwadol: 'Pennant's account, eventually published as a separate appendix to his *Tours*, quickly acquired the status of a new canonical version of Glyn Dŵr's revolt. It formed the basis

of most of the very considerable number of volumes devoted to Glyn Dŵr in the nineteenth and early twentieth centuries; it was shamelessly plagiarized and was translated into Welsh for the edification of school children. Pennant laid the foundations for the new image of Glyn Dŵr' (t.330).

68 John Davies, *Hanes Cymru*, 195; cf. Elissa R. Henken, *National Redeemer: Owain Glyndŵr in Welsh Tradition*, 11–12; R. R. Davies, *Owain Glyn Dŵr, Trwy Ras Duw, Tywysog Cymru* (Tal-y-bont: Y Lolfa, 2002), 135–6.

69 Gruffydd Aled Williams, *Owain y Beirdd*, 15.

70 Geraint H. Jenkins, 'Historical Writing in the Eighteenth Century', yn *A Guide to Welsh Literature c. 1700–1800*, 33–4; cf. Geraint H. Jenkins, *Cadw Tŷ Mewn Cwmwl Tystion*, 245–6.

71 Gw. Ffion Llywelyn Jenkins, 'Celticism and Pre-Romanticism: Evan Evans', yn *A Guide to Welsh Literature c. 1700–1800*, gol. Branwen Jarvis (Caerdydd: Gwasg Prifysgol Cymru, 2000), pennod 6.

72 Gw. J. Beverley Smith, *Llywelyn ap Gruffudd, Tywysog Cymru*, pennod 10.

73 Mae un o gerddi cenedlaethol amlycaf Hwngari, 'A Walesi Bárdok' ('Beirdd Cymru') gan János Arany (1817–82), yn seiliedig ar y chwedl hon – gw. f'erthygl, 'The Lame Chick and the North Star: Some Ethnic Rivalries in Sport as Reflected in Mid-Nineteenth-Century Welsh Broadsides', *Ballads Between Tradition and Modern Times*, gol. Marjetka Golež (Ljubljana: Academi Gwyddorau a Chelfyddydau Slofenia, 1998), 94, 99. Cyhoeddwyd dau gyfieithiad Cymraeg o'r gerdd yn Dyfnallt Morgan, 'Cymru a Hwngaria', *Taliesin*, 75 (Hydref 1991), 77–90.

74 Gw. Prys Morgan, *The Eighteenth Century Renaissance* (Llandybïe: Christopher Davies, 1981), 119–20; Geraint H. Jenkins, 'Historical Writing in the Eighteenth Century', yn *A Guide to Welsh Literature c. 1700–1800*, 34.

75 Yn ei Ddarlith Goffa G. J. Williams am 1989, a gyhoeddwyd yn *Dysg a Dawn: Cyfrol Goffa Aneirin Lewis*, gol. W. Alun Mathias ac E. Wyn James (Caerdydd: Cylch Llyfryddol Caerdydd, 1992), 188.

76 Ffion Llywelyn Jenkins, 'Celticism and Pre-Romanticism: Evan Evans', yn *A Guide to Welsh Literature c. 1700–1800*, 117.

77 R. M. Jones, *Ysbryd y Cwlwm*, 224.

78 D. Silvan Evans (gol.), *Gwaith y Parchedig Evan Evans (Ieuan Brydydd Hir)* (Caernarfon: H. Humphreys, 1876), 131, 141–2. Canu i ddydd rhyddid y Cymry a wna Ieuan yn adran nesaf y gerdd, sef Oes y Tuduriaid: 'The day of liberty, by heaven design'd,/At last arose...'. Ceir datblygiad tebyg yng ngherdd y Methodist Calfinaidd, Pedr Fardd (Peter Jones; 1775–1845), 'Haeddedigol Goffadwriaeth am Hynafiaid y Cymry, ac eraill, Y rhai a ymdrechasant yn mhlaid Rhyddid Gwladol a Chrefyddol, a llwydd eu Cenedl', sef crybwyll Llywelyn a Glyndŵr cyn mawrygu'r 'teg lonyddwch' a ddaeth i'r Cymry gyda'r Tuduriaid – gw. ei gyfrol, *Mêl Awen* (Lerpwl: Yr Awdur, 1823), 30–1. Mae gan Ieuan Fardd hefyd gerdd Saesneg yn seiliedig ar y stori am Edward I yn lladd y beirdd Cymraeg (tt.126–8) – gw. nodyn 73 uchod.

79 Gruffydd Aled Williams, *Owain y Beirdd*, 16–18; Dafydd Glyn Jones, 'Saith Math o Hanes', yn *Cof Cenedl XIV*, gol. Geraint H. Jenkins (Llandysul: Gwasg Gomer, 1999), 98–100. Diddorol yw nodi lle merched yn y gweithgarwch Saesneg hwn. Enwyd eisoes y Gymraes 'fabwysiedig' Felicia Hemans, y cyhoeddwyd ei cherdd 'Owen Glyndwr's War Song' yn 1822. Ond y mae'n werth nodi hefyd fod y nofelau a restrir yn llyfryddiaeth D. Rhys Phillips ('Beili Glas'), *A Select Bibliography of Owen Glyndwr* (Abertawe: Yr Awdur, 1915), 27–8, fel rhai a gyhoeddwyd cyn 1860 – tair nofel Saesneg ac un cyfieithiad Ffrangeg o nofel Saesneg a briodolid i Walter Scott – oll gan ferched. Gw. hefyd

Jane Aaron, *Nineteenth-Century Women's Writing in Wales: Nation, Gender and Identity* (Caerdydd: Gwasg Prifysgol Cymru, 2007), 111–14.

80   Gruffydd Aled Williams, *Owain y Beirdd*, 15–16.
81   Dyfynnwyd yn Emyr Humphreys, *The Taliesin Tradition*, 136.
82   *Ibid.*, 135. Ar y dylanwadau Cymreig ar feirdd rhamantaidd Saesneg megis Wordsworth, gw. *English Romanticism and the Celtic World*, gol. Gerard Carruthers ac Alan Rawes (Caergrawnt: Gwasg Prifysgol Caergrawnt, 2003); llyfr Damian Walford Davies, *Presences that Disturb* (Caerdydd: Gwasg Prifysgol Cymru, 2002), a'i bennod, ' "At Defiance": Iolo, Godwin, Coleridge, Wordsworth', yn *A Rattleskull Genius: The Many Faces of Iolo Morganwg*, gol. Geraint H. Jenkins (Caerdydd: Gwasg Prifysgol Cymru, 2005), pennod 7.
83   Dyfynnwyd yn Emyr Humphreys, *The Taliesin Tradition*, 136.
84   R. R. Davies, *The Revolt of Owain Glyn Dŵr*, 330–1.
85   Rees Davies, *Owain Glyn Dŵr: Hanes a Chof Gwlad*, 6–7; cf. Alun Llywelyn-Williams, *Y Nos, Y Niwl, a'r Ynys: Agweddau ar y Profiad Rhamantaidd yng Nghymru 1890–1914* (Caerdydd: Gwasg Prifysgol Cymru, 1960), 23–4.
86   Gw. Alun Llywelyn-Williams, *Nes Na'r Hanesydd?* (Dinbych: Gwasg Gee, d.d), 16–17; Elissa R. Henken, *National Redeemer: Owain Glyndŵr in Welsh Tradition*, 169–76; Heini Gruffudd, *Achub Cymru: Golwg ar Gan Mlynedd o Ysgrifennu am Gymru* (Tal-y-bont: Y Lolfa, 1983), pennod 3. Nid yw'n ddamwain, er enghraifft, fod O. M. Edwards wedi mynd ati i ailgyhoeddi gwaith Thomas Pennant ar Owain Glyndŵr.
87   Owen M. Edwards, 'Rhagymadrodd', yn Thomas Pennant, *Hanes Owen Glyndwr, Tywysog Cymru* (Caernarfon: Cwmni y Cyhoeddwyr Cymreig, d.d.), 9; cf. Alun Llywelyn-Williams, *Y Nos, Y Niwl, a'r Ynys*, 141, 181. Dichon mai'r wedd 'werinol' hon ar Glyndŵr a'i gwnâi yn fwy derbyniol, at ei gilydd, fel

arwr na'r Llyw Olaf yn Oes Victoria – gw. Hywel Teifi Edwards, *Codi'r Hen Wlad yn ei Hôl*, 196; J. Beverley Smith, *Llywelyn ap Gruffudd, Tywysog Cymru*, 410–11.

88   Gw. D. Rhys Phillips ('Beili Glas'), *A Select Bibliography of Owen Glyndwr*. Cafwyd trafodaethau golau ar ddwy ffurf lenyddol y bu gan Glyndŵr le amlwg ynddynt, sef y rhamant hanesyddol a'r arwrgerdd, gan E. G. Millward yn *Cenedl o Bobl Ddewrion* (Llandysul: Gwasg Gomer, 1991) ac yn *Yr Arwrgerdd Gymraeg: Ei Thwf a'i Thranc* (Caerdydd: Gwasg Prifysgol Cymru, 1998).

89   Elissa R. Henken, 'Pam Glyndŵr?', *Y Traethodydd*, Hydref 2000, 215.

90   Lewis J. Roberts, *Owen Glyndwr: Darlith* (Wrecsam: Hughes a'i Fab, [1904]), 48.

91   T. Matthews (gol.), *Gwaith Iolo Goch* (Llanuwchllyn: Ab Owen, 1915), 3. Tom Matthews a olygodd y gyfrol *Welsh Records in Paris* (Caerfyrddin: W. Spurrell a'i Fab, 1910), sydd yn cynnwys llythyrau Owain Glyndŵr at frenin Ffrainc. Ar Tom Matthews, a oedd hefyd yn gasglwr llên gwerin arloesol ac yn arloeswr ym myd celf, gw. Iwan Jones, 'Thomas Matthews: Arloeswr yr Ardd Ganol', *Taliesin*, 124 (Gwanwyn 2005), 103–15, a Dylan Rees, 'Thomas Matthews, M.A. (1874–1916), Llandybïe: Historian, Writer and Art Critic', *Carmarthenshire Antiquary*, 40 (2004), 129–38.

92   Er enghraifft, cyhuddodd Russell Goodway, arweinydd Llafur Cyngor Caerdydd ar y pryd, y Cynulliad o ymagweddu fel 'council on stilts' yn y *Western Mail*, 10 Gorffennaf 2001, 10.

93   Cafwyd esiampl dda o'r ysbryd taeogaidd y cyfeiriwyd ato uchod yn llythyr David C. Davies ar ran Plaid Lafur Blaenau Gwent yn y *Western Mail*, 21 Awst 2001, 12. Y 'David C. Davies' hwnnw yw'r Dai Davies sydd bellach yn Aelod Seneddol annibynnol dros Flaenau Gwent, yn dilyn marwolaeth Peter Law!

94   Trychineb fu hanes pensaernïol a chynllunio trefol y Cymoedd ar hyd yr ugeinfed ganrif yn gyffredinol: codi erchyllterau

megis tyrau fflatiau Hirwaun a stadau Pen-rhys a'r Gurnos, a dymchwel adeiladau o bwysigrwydd hanesyddol, gan rwygo calon hen gymunedau yn aml yn y broses, fel a ddigwyddodd yn Nowlais. Am ambell enghraifft arall o'm cynefin yng nghylch Merthyr Tudful, gw. f'erthygl, 'Golwg ar Rai o Gerddi a Baledi Cymraeg Troed-y-rhiw', yn *Cyfres y Cymoedd: Merthyr a Thaf*, gol. Hywel Teifi Edwards (Llandysul: Gwasg Gomer, 2001), 125 (n.4).

95 Gw. J. Gwynfor Jones, 'Y Ddelwedd Gymreig Ddinesig yng Nghaerdydd *c.*1885–1939', yn *Cyfres y Cymoedd: Merthyr a Thaf*, gol. Hywel Teifi Edwards (Llandysul: Gwasg Gomer, 2001), 331–45; Neil Evans, 'The Welsh Victorian City: The Middle Class and Civic and National Consciousness in Cardiff, 1850–1914', *Cylchgrawn Hanes Cymru*, 12:3 (Mehefin 1985), 350–87.

96 J. Gwynfor Jones, *Y Ganrif Gyntaf: Hanes Cymrodorion Caerdydd 1885–1985* (Caerdydd: [Pwyllgor Cymrodorion Caerdydd, 1987]), 5–6, 9, 10. Bu Beriah yn Ysgrifennydd Cymrodorion Caerdydd rhwng 1886 ac 1888.

97 Sian Rhiannon Williams, 'Y Gymraeg yn Sir Fynwy Ddiwydiannol *c.*1800–1901', yn *Iaith Carreg Fy Aelwyd*, gol. Geraint H. Jenkins (Caerdydd: Gwasg Prifysgol Cymru, 1998), 222.

98 Sian Rhiannon Williams, *Oes y Byd i'r Iaith Gymraeg: Y Gymraeg yn Ardal Ddiwydiannol Sir Fynwy yn y Bedwaredd Ganrif ar Bymtheg* (Caerdydd: Gwasg Prifysgol Cymru, 1992), 67–8.

99 Yn y cyflwyniad er cof amdano yn llyfr dadleuol Beriah Gwynfe Evans, *Diwygwyr Cymru* (Caernarfon: Yr Awdur, 1900), [2].

100 Dechreuodd Evan Evans, Nant-y-glo, gyhoeddi ei atgofion yn rhifyn Hydref 1884 o'r cylchgrawn *Cyfaill yr Aelwyd*, mewn cyfres o lythyrau o America, ond daeth y gyfres i ben yn rhifyn Tachwedd 1886, ymhell cyn cwblhau'r atgofion, ysywaeth, oherwydd ei farw yn niwedd Hydref 1886.

101 Trafodir y cyfraniad hwnnw'n fanwl yn Juliana Eirlys Edwards, 'Beriah Gwynfe Evans, ei fywyd a'i waith, ynghyd â mynegai dethol i *Cyfaill yr Aelwyd*', traethawd PhD anghyhoeddedig Prifysgol Cymru [Aberystwyth], 1989.

102 E. G. Millward, *Cenedl o Bobl Ddewrion*, 146, 147, 154; cf. geiriau cofiadwy John Thomas, Lerpwl (hen ewythr Saunders Lewis): 'Mae [Beriah] yn ddyn galluog, ac o ewyllys gref, ond yn *very big*' – dyfynnwyd yn R. Tudur Jones, *Yr Undeb: Hanes Undeb yr Annibynwyr Cymraeg, 1872–1972* (Abertawe: Gwasg John Penry, 1975), 90.

103 William George, *Cymru Fydd: Hanes y Mudiad Cenedlaethol Cyntaf* (Lerpwl: Gwasg y Brython, 1945), 38.

104 E. Morgan Humphreys, *Gwŷr Enwog Gynt (Yr Ail Gyfres)* (Gwasg Aberystwyth, 1953), 122.

105 Ifor Rees, 'Beriah Gwynfe Evans (1848–1927): Arloeswr Byd y Ddrama', *Y Genhinen*, 29/2 (1979), 68.

106 Dyfynnwyd yn Russell Davies, 'Iaith a Chymuned yn Ne-Orllewin Cymru c.1800–1914', yn *Iaith Carreg Fy Aelwyd*, gol. Geraint H. Jenkins (Caerdydd: Gwasg Prifysgol Cymru, 1998), 113.

107 J. Elwyn Hughes, *Arloeswr Dwyieithedd: Dan Isaac Davies 1839–1887* (Caerdydd: Gwasg Prifysgol Cymru, 1984), 63, 74; William George, *Cymru Fydd: Hanes y Mudiad Cenedlaethol Cyntaf*, 35–8.

108 E. G. Millward, 'Beriah Gwynfe Evans: A Pioneer Playwright-Producer', yn *A Guide to Welsh Literature c.1800–1900*, gol. Hywel Teifi Edwards (Caerdydd: Gwasg Prifysgol Cymru, 2000), 169.

109 E. Morgan Humphreys, *Gwŷr Enwog Gynt (Yr Ail Gyfres)*, 131.

110 R. Tudur Jones, *Hanes Annibynwyr Cymru* (Abertawe: Undeb yr Annibynwyr Cymraeg, 1966), 314.

111 Kenneth O. Morgan, *Rebirth of a Nation: Wales 1880–1980* (Rhydychen: Gwasg Prifysgol Rhydychen, 1982), 204, 50.

112 E. Morgan Humphreys, *Gwŷr Enwog Gynt (Yr Ail Gyfres)*, 131.
113 Gw. ei lyfryn *The Bardic Gorsedd: Its History and Symbolism*, a luniodd ar gyfer ymweliad yr Eisteddfod Genedlaethol â Phont-y-pŵl yn 1924; cf. E. G. Millward, 'Beriah Gwynfe Evans: A Pioneer Playwright-Producer', yn *A Guide to Welsh Literature c.1800–1900*, 182–3.
114 Gw. Dafydd Glyn Jones, 'Llwyfannau'r Oesoedd Canol', yn *Llwyfannau*, gol. Dafydd Glyn Jones a John Ellis Jones (Caernarfon: Gwasg Gwynedd, 1981), 19, ac *idem*, 'Saunders Lewis a Thraddodiad y Ddrama Gymraeg', *Llwyfan*, 9 (Gaeaf 1973), 1–12.
115 Wrth 'fethodistaidd', ni olygir yma bregethwyr unrhyw enwad neu garfan grefyddol benodol, oherwydd erbyn dechrau'r bedwaredd ganrif ar bymtheg yr oedd y math o bregethu efengylaidd tanllyd a dramatig a darddodd o'r Diwygiad Methodistaidd wedi lledu i blith y Bedyddwyr a'r Annibynwyr yn ogystal – gw. D. Densil Morgan, *Christmas Evans a'r Ymneilltuaeth Newydd* (Llandysul: Gwasg Gomer, 1991).
116 Gw., er enghraifft, E. G. Millward, *Cenedl o Bobl Ddewrion*, 137–40; E. Wyn James, 'Rhai Methodistiaid a'r Anterliwt', *Taliesin*, 57 (Hydref 1986), 8–19 (sy'n trafod fel y trodd Ann Griffiths a John Hughes, Pontrobert, eu cefn ar fyd yr anterliwt, ynghyd â dylanwad cynyddol Methodistiaeth ar Dwm o'r Nant).
117 Rhaid cofio er hynny nad ystyriai'r pregethwyr hyn eu hunain yn actorion, er iddynt fabwysiadu technegau areithyddol. Pobl o argyhoeddiad yn annerch eneidiau anghenus oeddynt yn eu tyb hwy eu hunain – gw. R. Tudur Jones, *Hanes Annibynwyr Cymru*, 153–4; *idem*, *John Elias: Pregethwr a Phendefig* (Pen-y-bont ar Ogwr: Mudiad Efengylaidd Cymru, 1975). Gellid dadlau mai yn ddiweddarach, yn Oes Victoria, y daeth y pregethwr yn seren ym myd adloniant Cymru, chwedl R. Tudur Jones yn *Ffydd ac*

Argyfwng Cenedl: Cristnogaeth a Diwylliant yng Nghymru 1890– 1914, cyf. 1 (Abertawe: Tŷ John Penry, 1981), 168.

118   Gw., er enghraifft, ysgrif T. Gwynn Jones, 'Cymru a'r Ddrama', yn ei gyfrol *Beirniadaeth a Myfyrdod* (Wrecsam: Hughes a'i Fab, 1935); O. Llew Owain, *Hanes y Ddrama yng Nghymru 1850–1943* (Lerpwl: Gwasg y Brython, 1948), 21–2; E. G. Millward, *Cenedl o Bobl Ddewrion*, 143–5; Hywel Teifi Edwards, 'Wythnos yn Hanes y Ddrama yng Nghymru (11–16 Mai 1914)', yn ei gyfrol, *Codi'r Hen Wlad yn ei Hôl*. Ar y gwrthwynebiad i'r nofel, gw. E. G. Millward, 'Rhagor o Nofelau'r Bedwaredd Ganrif ar Bymtheg', *Llên Cymru*, 24 (2001), 131–8. Fel y mae Dr Millward wedi dangos droeon bellach, nid oedd y gwrthwynebiad gan grefyddwyr Oes Victoria i nofelau a dramâu mor eang ag a dybir weithiau.

119   'Ymddiddanion' yw'r enw a roddwyd ar y rhain yn aml, a 'dadleuon', 'cynadleddau' neu 'ymgomiau' droeon eraill. Arnynt, gw. O. Llew Owain, *Hanes y Ddrama yng Nghymru*, pennod 2.

120   Wrth reswm, nid dramodigau'r festrïoedd oedd yr unig elfen yn adfywiad y ddrama Gymraeg yn y cyfnod hwn. Roedd ffactorau eraill megis twf theatrau Saesneg symudol yng Nghymru o'r 1840au ymlaen, y ffaith fod Lewis Edwards yn rhoi lle i'r ddrama fel ffurf lenyddol ar dudalennau'r *Traethodydd*, a phoblogrwydd cynyddol Shakespeare, ac adroddiadau dramatig a ffurfiau cerddorol megis y cantata, oll yn cyfrannu mewn ffyrdd gwahanol – gw. E. G. Millward, *Cenedl o Bobl Ddewrion*, 140–5. Roedd gan y mudiad dirwest hefyd le pwysig yn y datblygiad hwn – gw. O. Llew Owain, *Hanes y Ddrama yng Nghymru*, 63–7. Mae'n werth nodi yn ogystal fod chwarter olaf y bedwaredd ganrif ar bymtheg yn gyfnod o aileni yn hanes y ddrama Ewropeaidd yn gyffredinol, 'ar ôl cyfnod gyda'r mwyaf diffaith a fu erioed yn ei hanes' yn ôl Dafydd Glyn Jones, 'Y Ddrama Ryddiaith', yn *Y Traddodiad Rhyddiaith yn yr*

Ugeinfed Ganrif, gol. Geraint Bowen (Llandysul: Gwasg Gomer, 1976), 211. O gofio hefyd fod hwn yn gyfnod o ddeffroad cenedlaethol yng Nghymru, diddorol gweld O. Llew Owain yn pwysleisio, yn ei *Hanes y Ddrama yng Nghymru*, 3, fod cyffroadau cenedlaethol a ffyniant drama yn cydgerdded yn aml; cf. E. G. Millward, 'Rhagor o Nofelau'r Bedwaredd Ganrif ar Bymtheg', *Llên Cymru*, 2001, 133.

121 O. Llew Owain, *Hanes y Ddrama yng Nghymru*, 44.

122 *Ibid.*, 10.

123 Ifor Rees, 'Beriah Gwynfe Evans (1848–1927)', *Y Genhinen*, 1979, 68; O. Llew Owain, *Hanes y Ddrama yng Nghymru*, 72, 79–80; E. G. Millward, *Cenedl o Bobl Ddewrion*, 145–6; Rhiannon Ifans, 'Beriah Gwynfe Evans: Mab y Dyn Od', *Llên Cymru*, 25 (2002), 75–80; Ioan Williams, *Y Mudiad Drama yng Nghymru 1880–1940* (Caerdydd: Gwasg Prifysgol Cymru, 2006), 34–5.

124 E. G. Millward, *Cenedl o Bobl Ddewrion*, 154; gw. hefyd O. Llew Owain, *Hanes y Ddrama yng Nghymru*, 81; E. Morgan Humphreys, *Gwŷr Enwog Gynt (Yr Ail Gyfres)*, 123.

125 E. G. Millward, 'Beriah Gwynfe Evans: A Pioneer Playwright-Producer', yn *A Guide to Welsh Literature c.1800–1900*, 169; *idem*, *Cenedl o Bobl Ddewrion*, 146; Ioan Williams, *Y Mudiad Drama yng Nghymru 1880–1940*, 36, 55. Cyhoeddodd Beriah nifer o nofelau yn gyfresi mewn papurau newydd a chylchgronau yn yr 1880au – gw. E. G. Millward, 'Rhagor o Nofelau'r Bedwaredd Ganrif ar Bymtheg', *Llên Cymru*, 2001, 144–6.

126 Mae'n gyfrol brin. Ni cheir dyddiad cyhoeddi ynddi, ond ar y tudalen gyferbyn â'r wynebddalen yng nghopi Llyfrgell Ganolog Dinas Caerdydd, ysgrifennwyd y canlynol: 'With the respectful compliments of The Author[,] Gwynfe[,] 12th Feb 1880'. Can tudalen yw hyd y gyfrol, ac fe'i hargraffwyd yn Llanberis gan Richard Owen dros y cyhoeddwr, T. E. Jones. Yn ogystal â'r

ddrama ei hun, ceir yn y gyfrol baragraff o feirniadaeth arni gan y ddau a fu'n beirniadu'r gystadleuaeth am ddrama Gymraeg 'yn null Shakespeare' yn Eisteddfod Gadeiriol Eryri 1879, sef Elis Wyn o Wyrfai a Cynfaen, ynghyd â rhagymadrodd gan y cyhoeddwr, sef Thomas Edward Jones, Compton House, Llanberis, chwarelwr ifanc a ddysgodd ddarnau helaeth o waith Shakespeare ar ei gof ac a roddodd y wobr o £10 ar gyfer y gystadleuaeth – gw. O. Llew Owain, *Hanes y Ddrama yng Nghymru*, 74.

127 E. G. Millward, 'Beriah Gwynfe Evans: A Pioneer Playwright-Producer', yn *A Guide to Welsh Literature c.1800–1900*, 169.

128 Ar y materion hyn, gw. Kenneth O. Morgan, *Rebirth of a Nation: Wales 1880–1980*, pennod 4; E. G. Millward, *Cenedl o Bobl Ddewrion*, 104–19; *idem*, *Yr Arwrgerdd Gymraeg: Ei Thwf a'i Thranc*, 269–77; Hywel Teifi Edwards, 'Y Prifeirdd Wedi'r Brad', yn *Brad y Llyfrau Gleision*, gol. Prys Morgan (Llandysul: Gwasg Gomer, 1991), 172–5; Gruffydd Aled Williams, *Owain y Beirdd*, 18–23; Alun Llywelyn-Williams, *Nes Na'r Hanesydd?*, 16–17; Elissa R. Henken, *National Redeemer: Owain Glyndŵr in Welsh Tradition*, 169–76; Heini Gruffudd, *Achub Cymru: Golwg ar Gan Mlynedd o Ysgrifennu am Gymru*, pennod 3; W. J. Gruffydd, *Y Tro Olaf ac Ysgrifau Eraill*, 186–7.

129 Yn rhan o'r hysbyseb am ddramâu Beriah ar glawr cefn ei ddrama, *Caradog* (Caernarfon: Yr Awdur, 1904).

130 O. Llew Owain, *Hanes y Ddrama yng Nghymru*, 73.

131 *Ibid.*, 76.

132 E. G. Millward, 'Beriah Gwynfe Evans: A Pioneer Playwright-Producer', yn *A Guide to Welsh Literature c.1800–1900*, 168. Dylid cofio, serch hynny, nad cyfeirio at ganeuon neu at unrhyw naws gyngherddol y mae'r gair 'Chwareu-gan' yn nheitl y ddrama hon. Yn syml, gair arall am 'ddrama' ydyw (wedi ei fathu o bosibl gan Iolo Morganwg). Mae'n gyfystyr â

'chwaraegerdd' ac yn pwysleisio'r elfen fydryddol sydd i ddrama yn draddodiadol – gw. *Geiriadur Prifysgol Cymru*, 843, 1082.

133 John Gwilym Jones, *Swyddogaeth Beirniadaeth ac Ysgrifau Eraill* (Dinbych: Gwasg Gee, 1977), 312.

134 *Ibid.*, 312–13; cf. E. G. Millward, *Cenedl o Bobl Ddewrion*, 151–2.

135 O. Llew Owain, *Hanes y Ddrama yng Nghymru*, 40, 55–6; gw. hefyd E. G. Millward, *Cenedl o Bobl Ddewrion*, 142; W. J. Phillips, 'Y Ddrama a'r Farddoniaeth yn y Ganrif Ddiwethaf', *Lleufer*, 17:4 (Gaeaf 1961), 175, 176.

136 O. Llew Owain, *Hanes y Ddrama yng Nghymru*, 73–4; cf. Ioan Williams, *Y Mudiad Drama yng Nghymru 1880–1940*, 2, 36–9.

137 John Gwilym Jones, *Swyddogaeth Beirniadaeth*, 310–14.

138 Hywel Teifi Edwards, *Codi'r Hen Wlad yn ei Hôl*, 288.

139 E. G. Millward, 'Beriah Gwynfe Evans: A Pioneer Playwright-Producer', yn *A Guide to Welsh Literature c.1800–1900*, 168. Am sylwadau beirniadol pellach ar ddrama 1879, gw. Elsbeth Evans, *Y Ddrama yng Nghymru* (Lerpwl: Gwasg y Brython, 1947), 27–8; Juliana Eirlys Edwards, 'Beriah Gwynfe Evans', PhD, 1989, 58–75; Gruffydd Aled Williams, *Owain y Beirdd*, 21; Rhiannon Ifans, 'Beriah Gwynfe Evans: Mab y Dyn Od', *Llên Cymru*, 2002, 80–7.

140 R. M. Jones, *Seiliau Beirniadaeth, Cyfrol 4: Cyfanweithiau Llenyddol* (Aberystwyth: Coleg Prifysgol Cymru, 1988), 465; cf. sylw E. Morgan Humphreys, *Gwŷr Enwog Gynt (Yr Ail Gyfres)*, 122–3: 'Er nad oes ynddi lawer o bethau sydd yn peri i ddyn feddwl am Shakespeare, y mae, y mae'n debyg, cystal â dim a gafwyd ar lun drama yn Gymraeg cyn hynny, er dyddiau Twm o'r Nant.'

141 O. Llew Owain, *Hanes y Ddrama yng Nghymru*, 81.

142 J. Beverley Smith, *Llywelyn ap Gruffudd, Tywysog Cymru*, 398.

143 Hywel Teifi Edwards, *Codi'r Hen Wlad yn ei Hôl*, 230.

144 E. G. Millward, 'Beriah Gwynfe Evans: A Pioneer Playwright-Producer', yn *A Guide to Welsh Literature c.1800–1900*, 172–3.

145 Mae John Gwilym Jones yn feirniadol iawn o'r cymysgu hwn: 'Y mae Beriah Evans yn aml yn *Llewelyn Ein Llyw Olaf* yn defnyddio mesur moel ac iaith grach-aruchel, aml-eiriog chwyddedig i geisio consurio aruchedd arwrol a honno'n gwrthod yn glir â chymysgu ag arddull ramantaidd-delynegol y rhannau eraill. Olew a dŵr ydynt, a'r effaith gyffredinol yn chwerthinllyd' (*Swyddogaeth Beirniadaeth*, 312).

146 E. G. Millward, 'Beriah Gwynfe Evans: A Pioneer Playwright-Producer', yn *A Guide to Welsh Literature c.1800–1900*, 172.

147 John Davies, *Hanes Cymru*, 27–8.

148 Meic Stephens (gol.), *Cydymaith i Lenyddiaeth Cymru*, argraffiad newydd 1997, 90.

149 E. G. Millward, 'Beriah Gwynfe Evans: A Pioneer Playwright-Producer', yn *A Guide to Welsh Literature c.1800–1900*, 174–5. *Caradog* oedd y ddrama gyntaf i'w pherfformio yn yr Eisteddfod Genedlaethol, a hynny yn 1906.

150 Dyfynnwyd yn Juliana Eirlys Edwards, 'Beriah Gwynfe Evans', PhD, 1989, 97.

151 Un o'i nodweddion yw'r cyfarwyddiadau llwyfan manwl a ddarparodd Beriah ar gyfer ei pherfformio. Ceir cyfarwyddiadau niferus ar ffurf troednodiadau yn y ddrama brintiedig. Ar ben hynny, cyhoeddodd Beriah gyfrol gydymaith iddi yn dwyn y teitl *The Welsh Historical Drama and How to Produce It*.

152 Cyhoeddwyd yr olygfa hon yn llyfryn ar wahân dan y teitl *Aberthu Gwladys*, er hwyluso ei pherfformio ar ei phen ei hun fel eitem mewn cyngerdd. Dywedir hyn amdani ar glawr cefn *Caradog. Drama Hanesyddol* (1904): 'Cydnabyddir gan feirniaid profiadol na chyhoeddwyd erioed ddim mwy swynol a phrydferth na'r Olygfa Gerddorol hon.' Cyfansoddwr cerddoriaeth y ddrama oedd J. T. Rees.

153 Y bardd Albanaidd, James Thomson (1700–48), oedd awdur

geiriau 'Rule Britannia' a Thomas A. Arne (1710-78) a gyfansoddodd yr alaw. Ysgrifennwyd y gân ar gyfer masc a berfformiwyd i anrhydeddu Tywysog Cymru yn 1740. Fe'i cenid bryd hynny i gyfeiliant telyn gan actor wedi ymwisgo fel bardd.

154 Gw. E. G. Millward, 'Beriah Gwynfe Evans: A Pioneer Playwright-Producer', yn *A Guide to Welsh Literature c.1800– 1900*, 176–8; Ioan Williams, *Y Mudiad Drama yng Nghymru 1880–1940*, 35–8.

155 Beriah Gwynfe Evans, *Glyndwr: Tywysog Cymru* (Caernarfon: Yr Awdur, 1911), 5, 17.

156 Juliana Eirlys Edwards, 'Beriah Gwynfe Evans', PhD, 1989, 63, 65–6, 82, 99, 105–6.

157 Beriah Gwynfe Evans, *Glyndwr: Tywysog Cymru*, 70–1.

158 Juliana Eirlys Edwards, 'Beriah Gwynfe Evans', PhD, 1989, 78.

159 Beriah Gwynfe Evans, *Chwareu-gan: (Drama) (yn null Shakespeare,) ar 'Owain Glyndwr'* (Llanberis: T. E. Jones, [1880]), 6–7, 24–6, 56–7, 98.

160 Atgynhyrchir cerddoriaeth caneuon drama 1911 yn fersiwn argraffedig y ddrama. Yr un a fu'n gyfrifol am gyfansoddi'r gerddoriaeth (neu ei threfnu yn achos alawon traddodiadol), a llunio'r geiriau yn ogystal yn achos rhai o'r caneuon, oedd y bardd a'r cerddor o sir Ddinbych, Robert Bryan (1858–1920), a fu'n byw yng Nghaernarfon o 1903 ymlaen – er mai yn yr Aifft, lle yr oedd gan ei frodyr siopau mawr llewyrchus, y treuliodd lawer o'i aeafau oherwydd ei iechyd bregus. Bu farw yng Nghairo, a'i gladdu yno. Ef a luniodd y pennill adnabyddus 'Huna blentyn ar fy mynwes' ar gyfer yr alaw '*Suo Gân*'. Rhoddodd ei frawd, Joseph Davies Bryan – a fu farw yn Alexandria yn 1935 – ddarn sylweddol o dir ar Benglais uwchlaw tref Aberystwyth i Goleg Prifysgol Cymru, Aberystwyth; dyna paham yr enwyd y neuadd breswyl ar gampws Pen-glais – a fu'n neuadd Gymraeg i ferched cyn

sefydlu Neuadd Pantycelyn – yn Neuadd Davies Bryan.
Ar y teulu hwn, gw. Siân Wyn Jones, *O Gamddwr i Gairo: Hanes y Brodyr Davies Bryan, 1851–1935* (Wrecsam: Llyfrau'r Bont, 2004).

161 Diddorol yw nodi mai un o actorion amatur amlycaf ei ddydd, T. O. Jones ('Gwynfor'; 1875–1941), un o sefydlwyr y cwmni drama amatur enwog ac arloesol, Cwmni Drama'r Ddraig Goch, Caernarfon, a chwaraeodd ran Owain Glyndŵr yn nrama 1911. Ef hefyd oedd y rheolwr llwyfan. Ar 'Gwynfor', gw. f'erthygl, 'T. Gwynn Jones a Gwynfor', *Taliesin*, 76 (Mawrth 1992), 61–71; *idem*, ' "Digymar yw Fy Mro": R. Williams Parry a Gwynfor, "Yr Hen Actor" ', *Ysgrifau Beirniadol XXIII*, gol. J. E. Caerwyn Williams (Dinbych: Gwasg Gee, 1997), 208–40.

162 Beriah Gwynfe Evans, *Glyndwr: Tywysog Cymru*, 17.

163 M. Wynn Thomas, *Internal Difference* (Caerdydd: Gwasg Prifysgol Cymru, 1992), 3.

164 *Y Beirniad*, 1:3 (Hydref 1911), 216. Eironig yw gweld Beriah yn yr un cyfnod yn beirniadu'r archbasiantwr arall hwnnw, Owen Rhoscomyl, am fod y ffin rhwng rhamant a hanes yn denau yn ei weithiau: 'One hardly knows whether Owen Rhoscomyl is more successful as a writer of romantic history or as a producer of historical romance' – Beriah G. Evans, 'Wales and Its Novelists', *Wales*, 1 (Mai 1911), 36. Ar Owen Rhoscomyl, gw. y bennod, 'Pasiant Cenedlaethol Caerdydd 1909', yng nghyfrol Hywel Teifi Edwards, *Codi'r Hen Wlad yn ei Hôl*.

165 Ar ddatblygiad 'y dramâu cegin', neu 'ddramâu'r traddodiad', fel y'u gelwir, gw. Dafydd Glyn Jones, 'Saunders Lewis a Thraddodiad y Ddrama Gymraeg', *Llwyfan*, 1973, 1–12; *idem*, 'Y Ddrama Ryddiaith', yn *Y Traddodiad Rhyddiaith yn yr Ugeinfed Ganrif*, 211–40; Menna Davies, 'D. T. Davies (1876–1962)', yn *Cyfres y Cymoedd: Cwm Rhondda*, gol. Hywel Teifi Edwards (Llandysul: Gwasg Gomer, 1995), 254–75; R. M. Jones,

Llenyddiaeth Gymraeg 1902–1936 (Cyhoeddiadau Barddas, 1987), pennod 49; Hywel Teifi Edwards, *Codi'r Hen Wlad yn ei Hôl*; idem, *Codi'r Llen* (Llandysul: Gwasg Gomer, 1998); Ioan Williams, *Y Mudiad Drama yng Nghymru 1880–1940*.

Y flwyddyn a nodir, fel arfer, fel yr un fwyaf arwyddocaol o ran datblygiad mudiad 'dramâu'r traddodiad' yw 1913, pan gyhoeddwyd cnwd o ddramâu o'r fath, gan awduron megis R. G. Berry, J. O. Francis a D. T. Davies, ac yn eu plith drama W. J. Gruffydd, *Beddau'r Proffwydi*. Ond y mae'n werth nodi i Beriah Gwynfe Evans, ryw naw mlynedd ynghynt, gyhoeddi drama gymdeithasol sydd mewn cywair eithaf gwahanol i'w ddramâu pasiantaidd am arwyr y gorffennol, sef *Ystori'r Streic* (1904). Drama ydyw sy'n ymwneud â phroblemau cymdeithasol ac economaidd cyfoes y dosbarth gweithiol ym maes glo'r De; ac er nad yw'n ddrama chwyldroadol o safbwynt ei hagwedd at y drefn gyfalafol, y mae'n ddigon arloesol i ganiatáu inni ystyried Beriah yn un o arloeswyr y ddrama gegin yn ogystal â'r ddrama hanesyddol, arwrol a'i rhagflaenodd – gw. E. G. Millward, *Cenedl o Bobl Ddewrion*, 149, 156–7; idem, 'Beriah Gwynfe Evans: A Pioneer Playwright-Producer', yn *A Guide to Welsh Literature c.1800–1900*, 180–1; Juliana Eirlys Edwards, 'Beriah Gwynfe Evans', PhD, 1989, 103–9; Rhiannon Ifans, 'Beriah Gwynfe Evans: Mab y Dyn Od', *Llên Cymru*, 2002, 87–93; Ioan Williams, *Y Mudiad Drama yng Nghymru 1880–1940*, 2–3, 33–4, 46–7.

Mae Ioan Williams yn iawn wrth bwysleisio fod dramâu hanesyddol, pasiantaidd yn parhau i gael eu llunio a'u llwyfannu ar ôl adolygiad W. J. Gruffydd yn *Y Beirniad* yn 1911, a bod llanw'r mudiad drama newydd 'yn llifo'n gryf yn erbyn rhamantiaeth ddelfrydiaethol Beriah am ddegawd a mwy [cyn adolygiad W. J. Gruffydd]' (t.34) ac yn adlewyrchu'r twf mewn dyneiddiaeth a seciwlariaeth oedd ar gynnydd arwyddocaol yn chwarter olaf y bedwaredd ganrif ar bymtheg. Eto, anodd peidio â gweld adolygiad Gruffydd yn 1911 a chnwd dramâu 1913, fel carreg filltir o'r pwys mwyaf yn y newid cywair a ddaeth i fyd y ddrama Gymraeg ar ddechrau'r ugeinfed ganrif, oherwydd fel y dywed Ioan Williams ei hun, 'Ar ôl 1910 y mae yna newid amlwg o ran naws a chyfeiriad y feirniadaeth gymdeithasol, mewn dramâu fel *Beddau'r Proffwydi*' (t.50). Yn y gwraidd, gwedd ar yr adfywiad rhamantaidd a brofodd Cymru ar ddiwedd y bedwaredd ganrif ar bymtheg a dechrau'r ugeinfed oedd 'dramâu'r traddodiad', a gellir ystyried adolygiad W. J. Gruffydd yn 1911 yn arwydd fod y mudiad rhamantaidd hwnnw wedi dod i'w oed ym myd y ddrama, fel y gellir ystyried awdl T. Gwynn Jones, 'Ymadawiad Arthur', yn 1902 yn arwydd ei fod wedi dod i'w oed ym myd barddoniaeth.

166 Beriah Gwynfe Evans, *Glyndwr: Tywysog Cymru*, 32, 62–3, 103.
167 *Ibid.*, 5–6.
168 Gw. D. Tecwyn Lloyd, *Drych o Genedl* (Abertawe: Tŷ John Penry, 1987), 57–8.
169 Yr oedd y gweinidog Annibynnol a'r emynydd adnabyddus, Elfed (H. Elvet Lewis, 1860–1953), yn ymgorfforiad o'r cyfuniad o Gymro twymgalon a Phrydeiniwr ffyddlon, gymaint felly fel mai anodd eithriadol yw penderfynu at ba wlad y cyfeiria yn ei emyn gwladgarol cyfarwydd, 'Cofia'n gwlad, Benllywydd tirion' – gw. y penodau ar Elfed yn Branwen Jarvis, *Llinynnau* (Bodedern: Gwasg Taf, 1999); Delyth G. Morgans, *Cydymaith Caneuon Ffydd* (Pwyllgor y Llyfr Emynau Cydenwadol, 2006), 261. Nodir nifer o enghreifftiau eraill o'r cyfuniad hwnnw o wladgarwch Cymreig ac imperialaeth Brydeinig yn Hywel Teifi Edwards, *Codi'r Hen Wlad yn ei Hôl*, gan gynnwys Syr John Morris-Jones (t.170), David Howell, 'Llawdden' (tt.208–9), T. H. Thomas, 'Arlunydd Pen-y-garn' (tt.210–11) a Syr John Rhŷs (t.211). Gw. hefyd drafodaeth Hywel Teifi Edwards ar hil

yn y bennod, 'Emrys ap Iwan a Saisaddoliaeth: Maes y Gad yng Nghymru'r 70au', yn yr un gyfrol, ynghyd â darlith Huw Pryce, *Hynafiaid: Hil, Cenedl a Gwreiddiau'r Cymry* (Aberystwyth: Canolfan Uwchefrydiau Cymreig a Cheltaidd Prifysgol Cymru, 2007).

170 Beriah Gwynfe Evans, *Glyndwr: Tywysog Cymru*, 133; a gw. Heini Gruffudd, *Achub Cymru: Golwg ar Gan Mlynedd o Ysgrifennu am Gymru*, 113–21; E. G. Millward, *Cenedl o Bobl Ddewrion*, 155–6; idem, 'Beriah Gwynfe Evans: A Pioneer Playwright-Producer', yn *A Guide to Welsh Literature c.1800–1900*, 177–8.

171 Beriah Gwynfe Evans, *Glyndwr: Tywysog Cymru*, 64, 9.

172 Gw. Gruffydd Aled Williams, 'Beirdd Cymru a'r Goron', yn *Cof Cenedl XV*, 66–7; ond cf. D. Tecwyn Lloyd, 'Golwg ar Ganu Gwlatgar', *Barddas*, 169 (Mai 1991), 23. Am drafodaeth ar 'Brydeindod' yng ngherddi beirdd oes Owain Glyndŵr ei hun, gw. Dafydd Johnston, ' "Propaganda'r Prydydd": Gwleidyddiaeth Beirdd yr Uchelwyr', yn *Cof Cenedl XIV*, gol. Geraint H. Jenkins (Llandysul: Gwasg Gomer, 1999), 37–67.

173 Diddorol cymharu hyn â chanlyniad arolwg a gynhaliwyd gan y *Sunday Times* yn 2000, pan ofynnwyd i'r can person mwyaf dylanwadol yn y byd heddiw (yn nhyb y *Sunday Times*), pwy a gredent oedd deg person mwyaf dylanwadol y mileniwm diwethaf. Daeth Owain Glyndŵr yn seithfed yn y rhestr, 'ychydig ar ôl Shakespeare a Leonardo da Vinci ac uwchben Galileo ac Abraham Lincoln' – gw. Robin Gwyn, 'Anghofio Arwr y Mileniwm Diwethaf', *Western Mail*, 17 Mehefin 2000, 18.

174 Cynhwysodd y beirniaid wyth o'r deg hyn yn eu rhestr derfynol, ac Owain Glyndŵr yn eu plith; ond penderfynasant gynnwys Syr Thomas Picton (yr arweinydd milwrol o dde-orllewin Cymru a laddwyd ym mrwydr Waterloo yn 1815) a Harri VII, a oedd yn 19eg ac yn 22ain yn rhestr enwebiadau'r cyhoedd,

yn hytrach na Llywelyn Fawr a Griffith Jones, Llanddowror. Gan nad oedd merch yn eu plith, penderfynwyd ychwanegu cerflun arall at y deg, sef un o'r frenhines Frythonaidd, Buddug (*Boudicca*), a oedd yn 27ain yn rhestr y cyhoedd, er bod dwy ferch arall yn uwch na hi yn y rhestr (rhifau 24 a 26), sef Ann Griffiths yr emynyddes a Gwenllïan, y frenhines a laddwyd wrth arwain cyrch yn erbyn y Normaniaid yng Nghydweli yn 1136. Ar hanes y cerfluniau, gw. *Illustrated Catalogue of the Welsh Historical Sculpture presented to the City of Cardiff by the Rt. Hon. Lord Rhondda of Llanwern* ([1916]) a Richard E. Huws, 'Oriel yr Anfarwolion', *Y Faner*, 3 Rhagfyr 1982, 11.

175 Jon Dressel a T. James Jones, *Wyneb yn Wyneb: Face to Face* (Llandysul: Gwasg Gomer, 1997), 22.

176 E. G. Millward, *Yr Arwrgerdd Gymraeg: Ei Thwf a'i Thranc*, 276, a cf. ei sylwadau ar arwrgerdd Elfed i Lywelyn y Llyw Olaf, tt.277–81.

177 Dyfynnwyd yn Hywel Teifi Edwards, *Codi'r Hen Wlad yn ei Hôl*, 191.

178 Gruffydd Aled Williams, *Owain y Beirdd*, 23–4. At y rhestr ddethol o feirdd yr ugeinfed ganrif a nodir gan Gruffydd Aled Williams fel rhai a ganodd i Glyndŵr, y mae'n werth ychwanegu R. Williams Parry – gw. T. Emrys Parry, *Barddoniaeth Robert Williams Parry* (Dinbych: Gwasg Gee, 1973), 279. (Diolchaf i'r Athro D. J. Bowen am y cyfeiriad hwn.)

179 Un ffactor sy'n hybu'r cyswllt rhwng Glyndŵr a gobaith yw'r ffaith fod coffáu dechrau ei ryfel annibyniaeth yn cyd-daro â dechrau canrif, sef cyfnod o obaith ac optimistiaeth yn aml – yn achos dechrau'r ugeinfed ganrif a'r unfed ar hugain, o leiaf. Esgorodd optimistiaeth fawr diwedd y ddeunawfed ganrif ar fudiad cenhadol tramor grymus a dylanwadol ymhlith Protestaniaid Prydain – gw. f'erthygl, 'Williams Pantycelyn a Gwawr y Mudiad Cenhadol', yn *Cof Cenedl XVII*, gol. Geraint

H. Jenkins (Llandysul: Gwasg Gomer, 2002). Yn achos cyfnod Owain Glyndŵr ei hun, dywed John Davies yn ei *Hanes Cymru*, 188: 'Yr oedd disgwyl ar led y byddai'r byd yn dod i ben yn y flwyddyn 1400, a bu'r traddodiad milflynyddol yn rhan annatod o [Wrthryfel Glyndŵr].'

180 D. Tecwyn Lloyd, 'Golwg ar Ganu Gwlatgar', *Barddas*, Mai 1991, 24; cf. y sôn am gynrhon yn awdl Gerallt Lloyd Owen, 'Cilmeri': 'Pa hwyl sy'n disgwyl ein pen diysgwydd/Yn uwd o gynrhon, a chnawd gwahanrwydd/Yn rhidyll o waradwydd?' – Gerallt Lloyd Owen, *Cilmeri a Cherddi Eraill* (Caernarfon: Gwasg Gwynedd, 1991), 19.

181 J. Beverley Smith, *Llywelyn ap Gruffudd, Tywysog Cymru*, 395–6, 410–11; gw. hefyd y bennod, 'Coffáu Llywelyn', yng nghyfrol Hywel Teifi Edwards, *Codi'r Hen Wlad yn ei Hôl*, sy'n trafod anawsterau'r Cymry i gymathu Llywelyn a'u Prydeindod yn Oes Victoria.

182 Gw., er enghraifft, drafodaeth Elena Morus ar Lywelyn a Glyndŵr yn ei herthygl, 'Arwyr Ddoe a Heddiw yn y Canu Caeth Diweddar', *Barddas*, 190 (Chwefror 1993), 3–8. Ond rhaid cofio nad yw Glyndŵr ymhell ar ôl hyd yn oed mewn cyfnodau o fri arbennig ar Lywelyn – gw. Elissa R. Henken, *National Redeemer: Owain Glyndŵr in Welsh Tradition*, 183–4, 189–92.

183 *Hoff Gerddi Cymru* (Llandysul: Gwasg Gomer, 2000).

184 Nid bod Llywelyn wedi disodli Glyndŵr yn llwyr yn y cyfnod hwnnw, ychwaith, fel y dengys cyfodiad 'Meibion Glyndŵr' yn 1979, ymhlith pethau eraill – gw. Elissa R. Henken, *National Redeemer: Owain Glyndŵr in Welsh Tradition*, 176–7. Dylid nodi yng nghyd-destun y sylw a gafodd Llywelyn yn y cyfnod hwn, ddau lyfr pwysig a ymddangosodd yn fuan ar ôl coffáu 700 mlwyddiant ei farw, sef y flodeugerdd, *Llywelyn y Beirdd*, gol. J. E. Caerwyn Williams, Eurys Rolant ac Alan Llwyd (Cyhoeddiadau Barddas, 1984) a bywgraffiad safonol J. Beverley

Smith, *Llywelyn ap Gruffudd, Tywysog Cymru* (Caerdydd: Gwasg Prifysgol Cymru, 1986).

185 Ar yr awdl, a ailgyhoeddwyd gan Gerallt Lloyd Owen yn y gyfrol *Cilmeri a Cherddi Eraill*, gw. D. R. Johnston, 'Yr Ing a'r Angerdd: Awen Gerallt Lloyd Owen', *Barddas*, 118 (Chwefror 1987), 1–3; T. Arfon Williams, 'Gerallt Lloyd Owen – Ei Gerddi', *Barn*, 375 (Ebrill 1994), 36–8; Jerry Hunter, 'Maen y Cof a'r Gofeb Fydryddol', *Barn*, 410 (Mawrth 1997), 57–9; Branwen Jarvis, *Llinynnau*, 217–18.

186 Bobi Jones, 'Cyflwyno *Hunllef Arthur*', *Barddas*, 110 (Mehefin 1986), 1.

187 Frank Price Jones, 'Pam Llywelyn?', *Y Genhinen*, 19:4 (Hydref 1969), 247.

188 Dafydd Glyn Jones, *Cyfrinach Ynys Brydain* (Caerdydd: Darlith Flynyddol BBC Cymru, 1992), 18.

189 T. James Jones a Jon Dressel, *Cerddi Ianws Poems* (Llandysul: Gwasg Gomer, 1979), 16. Mae'n werth darllen sylwadau Iwan Llwyd am ddylanwad *Cerddi Ianws* arno, yn ei adolygiad ar *Wyneb yn Wyneb* yn *Barddas*, 245 (Mawrth/Ebrill 1998), 45–6.

190 At ei gilydd, mae'r fersiynau Cymraeg yn rhagori ar y rhai Saesneg, i'm tyb i. Cymharer, er enghraifft, ddiwedd y caniad cyntaf yn y Gymraeg ('Clymu'r ceffyl, dringo'n sionc at law estynedig,/a mynd yng ngwres ei gilydd drwy ddrws agored') a'r Saesneg ('He tied his horse, made quick/ascent, took the man's extended hand,/and went in with him through the open door').

191 Jon Dressel a T. James Jones, *Wyneb yn Wyneb*, 12, 10, 32.

192 *Ibid.*, 8.

193 *Ibid.*, 14, 26, 33.

194 *Ibid.*, 18, 16.

195 *Ibid.*, 16, 32.

196 *Ibid.*, 18. Am yr adlais o'r llinell o'r cywydd brud, 'Myn Duw, mi a wn y daw', a adleisir hefyd yng nghân adnabyddus Dafydd

Iwan am ddychweliad Owain Glyndŵr, gw. Elissa R. Henken, *National Redeemer: Owain Glyndŵr in Welsh Tradition*, 179–82.

197 'Cyflwyno *Hunllef Arthur*', *Barddas*, Mehefin 1986, 2; cf. sylwadau Jerry Hunter ar *Hunllef Arthur*: 'As the entire fabric of the work emphasizes, it is neither a real Wales nor its history which is presented here, but rather an explicitly imagined, or more exactly, dreamed nation. Even more exactly, it is a nightmare nation which haunts this poem . . . There is also a suggestion as to the artist's role in preserving a fallen nation; it is through mimesis, artistic reflection removed from reality, as dreaming is removed from waking life, that the fallen nation can be realized anew' – T. Gerald Hunter, 'Contemporary Welsh Poetry: 1969–1996', *A Guide to Welsh Literature c. 1900–1996*, gol. Dafydd Johnston (Caerdydd: Gwasg Prifysgol Cymru, 1998), 139–40. Ond rhaid gofyn, beth yw realiti, beth yw hanes, ac yn y pen draw, hen gwestiwn Pontius Peilat, beth yw gwirionedd (Ioan 18:38). Ceisia Derec Llwyd Morgan wahaniaethu rhwng y math o hanes 'y mae'r Beibl a Bobi Jones â diddordeb ynddo', sef '*Heilsgeschichte*, hanes gweithredoedd Duw a pherthynas dynion â hwy', a '*Weltgeschichte* . . . a elwir gennym ni heddiw yn hanes, ymgais lawn i ateb y cwestiwn "Pa beth a welswn pe bawn i yno?" ' – Derec Llwyd Morgan, *Rhai Agweddau ar y Beibl a Llenyddiaeth Gymraeg* (Llandysul: Gwasg Gomer, 1998), 67. Ond yma, eto, rhaid gofyn a yw llygad-dystion, hyd yn oed, yn gweld yr un peth yn union â'i gilydd? Am safbwynt Bobi Jones ynghylch 'hanes', gw. R. M. Jones, *Llên Cymru a Chrefydd*, pennod 10.

198 *Barddas*, 190 (Chwefror 1993), 8.

199 Un arwydd o'r dibristod hwn yw'r prinder erthyglau coffa yn y wasg Gymraeg a Chymreig erbyn hyn. Gydag ambell eithriad, yr unig le y gwelwn bellach erthyglau coffa o unrhyw sylwedd i bobl a wnaeth gyfraniad o bwys i'r bywyd Cymreig

yw ym mhapurau trymion Lloegr! Ac â llawer cymwynaswr a chymwynaswraig i'w hir gartref heb na siw na miw amdanynt ar y cyfryngau. Arwyddion eraill yw'r argyfwng sy'n dechrau wynebu Hanes Cymru fel pwnc, yn enwedig trwy gyfrwng y Gymraeg, yn ein sefydliadau addysg uwch erbyn hyn, a'r lle isradd sydd i unrhyw beth o sylwedd hanesyddol a diwylliannol ar Radio Cymru. Dichon mai math o elitiaeth sydd y tu cefn i lawer o hyn yn y bôn, yn ymwybodol neu yn anymwybodol; rhyw gred na all y 'werin' na'n hieuenctid ymdopi â dim mwy na chawl dŵr a chanu pop.

200 Fel y dywed Bobi Jones wrth drafod Owain Glyndŵr yn *Hunllef Arthur*: 'Nid oes yng nghesail y dyfodol fwlch/I gael rhyddhad i falch oni wisgo'i draed/Gyffion gorffennol' (t.93, ll.971–3).

201 *Cilmeri a Cherddi Eraill*, 20; cf. sylw Hywel Teifi Edwards yn *Codi'r Hen Wlad yn ei Hôl*, 209: 'Uffern i'r taeog yw ei gof a gwae'r sawl a'i cynhyrfo.'

202 Saunders Lewis, *Canlyn Arthur*, ail argraffiad (Llandysul: Gwasg Gomer, 1985), 21–2, 23–4, 26. Am anaddasrwydd y labeli gwleidyddol 'confensiynol' a roddir ar Saunders Lewis mor aml, gw. R. M. Jones, *Ysbryd y Cwlwm*, pennod 8. Diddorol cymharu geiriau Saunders Lewis a rhai Homi K. Bhabha: 'Narrative is a sign of civic life. Societies that turn their back on the right to narrate are societies of deafening silence: authoritarian societies, police states, xenophobic countries . . . It is the gift of narrative – be it literary or historical – that allows us to confront, as we must, the necessary anxiety and ambivalence with which we relate to our late modernity as a shared history of human civilization and barbarism. Anxiety links us to the memory of the past while we struggle to choose a path through the ambiguous history of the present' – Homi K. Bhabha, 'Afterword: A Personal Response', yn *Rethinking Literary History*, gol. Linda Hutcheon a Mario J. Valdés, 200–1.

203 Cf. sylw D. Tecwyn Lloyd: 'Yn y diwedd, hyn yw'r perygl mwyaf i'r iaith (unrhyw iaith) sef na bydd dim yn cael ei ddweud ynddi fydd yn ei gwneud hi'n werth ei chadw' ('Golwg ar Ganu Gwlatgar', *Barddas*, Mai 1991, 22).

204 Cf. sylw Geraint H. Jenkins: 'No self-respecting nation can flourish without its heroes, both real and imagined' ('Historical Writing in the Eighteenth Century', yn *A Guide to Welsh Literature c. 1700–1800*, 33).

205 Cf. y sylwadau gan Rees Davies ac Edward Said a ddyfynnwyd ar ddechrau'r ymdriniaeth bresennol.